# 菜箸でフレンチ II

## 春夏秋冬のごちそうレシピ

タサン志麻
阿川佐和子

マガジンハウス

# 食も人生も楽しむ阿川さんのように

私にとって阿川佐和子さんは、食べることが好きで、料理にも詳しくて、世界中の食べ物をいろんな視点で見てきた方というイメージです。そんな阿川さんと四季折々に料理の話ができたことは、とても刺激的で光栄なことでした。

私は調理師学校時代からずっとフランス料理を専門にやってきて、その後は家政婦として一般の家庭で料理を作ってきましたが、今回は阿川さんがお相手。リクエストいただいた食材にこの味を合わせたらどうだろう、この調理法なら新しい味になるかな、とあれこれメニューを考えるのは楽しい時間でした。

阿川さんは、冷蔵庫に残っている食材をどうやって生かそうか、どう使いきろうか、どうやったらおいしく食べられるか、失敗した料理をどうやってリカバリーするか……と、日々考えているそうです。「料理は実験ね」と楽しげに話す阿川さんが家で作る料理は、レシピにしばられない、自由そのもの。お話をうかがうだけで「おいしそう」と思えるものばかりでした。基本は押さえつつも〝レシピ通り〟にこだわらず、自分の頭で考えてアレンジして作ってみる。あれこれ試して新しい味を発見する。私がいいなと思っている料理の楽しみ方そのものです。阿川さんとお話しして、「食べることは楽しい！」「食べることは人生を楽しむことにつながるんだ！」と、改めて感じることができました。

私の母は仕事をもっていて忙しい人でしたが、時間がないなかでもあれを作ってみようかな、これを作ってみようかなと、つねに料理を楽しんでいた記憶があります。そんな母の姿を見ていたから、私も料理好きになったんだと思います。食べることは生きている限り続くことですし、そんなわくわくするような気持ちで料理に向き合えたら、毎日が楽しくなるのではないかと思います。

私がフランスの料理にひかれたのは高級な料理ではなく、フランス留学時代にホームステイ先で食べたじゃがいものグラタンや、まかない料理で食べた野菜がたくさん入ったスープなど、素朴でシンプルで心が温かくなる家庭料理でした。そして、そんな料理が並ぶテーブルを、家族や親しい友人たちと囲み、語らうおいしい食事の時間があったからでした。

　フランスではパーティでみんなが集まれば、とにかく料理の話で盛り上がります。男女も世代も関係なく、私はこうやって作るんだ、もっとこうするとおいしいんだとか、自分の料理のこだわりや失敗談を何時間もずっと話し続けてとまりません。私はなんて楽しい食事の時間なんだろうと感じていましたが、今回、阿川さんとご一緒して、そのときと同じ気持ちを味わいました。

　今回は春夏秋冬の旬の食材を使って、季節を味わうレシピを考えましたが、阿川さんのようにレシピにしばられず、自分の家庭の味に、自分好みの味になってくれることが願いです。

　料理を作る楽しみ・食べる楽しみ。阿川さんと過ごした楽しい時間をみなさんにも、ぜひ体験していただけたら。

タサン志麻

菜箸でフレンチ
春夏秋冬のごちそうレシピ

目次

# 春のごちそう

野山に木々が芽吹きはじめる季節。セリやふきのとうなど独特な苦味のある香り豊かな山菜や、アスパラガスや筍、鯛やハマグリなど、春の訪れを感じさせてくれる新鮮な食材が盛りだくさん。滋味深さを堪能する春の食卓へ。

Shima's
SPECIAL

# 夏のごちそう

トマト、ナス、きゅうりなど、鮮やかな彩りの夏野菜がおいしい季節。暑い夏にぴったりの冷たいスープやさっぱりとした食べ心地のフレッシュサラダ。夏こそ食べたいおいしくて元気になる定番料理や夏の食卓の思い出の味を。

Shima's
SPECIAL

# 秋のごちそう

きのこ、ぎんなん、栗、ぶどう。さまざまな食材が収穫の時期を迎える実りの季節。旬のフルーツを使った料理やスパイスを加えたアレンジ料理など、作る楽しみも堪能しながら、食欲の秋をとことん味わう。

Shima's
SPECIAL



＊

Sawako's
SPECIAL

# 冬のごちそう

栄養たっぷりの冬野菜をことこと煮込んだ温かいスープや鍋料理、クリームたっぷりの熱々グラタン。寒い冬には心も体もあたたまるおもてなし料理を囲みながら、家族や親しい友人たちとゆっくり過ごす贅沢な時間を。

Shima's
SPECIAL

●小さじ1は5㎖、大さじ1は15㎖です。また、塩「ひとつまみ」は親指と人差し指、中指でつまめる程度の量です。それより少ない場合は「少々」と記載しています。

●電子レンジ出力600Wの場合の所要時間ですが、出力が大きい場合は短めに、小さい場合は長めに調整してください。

**ハーブについて**

香りづけや風味づけのためにハーブを使っています。私が常備しているのはタイムとローリエの2種類です。風味が増し、味に奥行きがでます。

（タサン志麻）

# 春のごちそう

芽吹きの季節。ほろ苦い山菜や新鮮なアスパラガスなど、春の訪れを感じる食材を食卓に。

# 阿川さんに聞きました

Q 春の食材で好きなものは？

A 筍、セリ、タラの芽、ふきのとう、うど、ふき、白アスパラガス、アスパラガス、サヨリ、しらす、鯛、ハマグリ、鰺

Q 春の食材で苦手なものは？

A ない

Q 志麻さんに使ってほしい春の食材は？

A なんでも

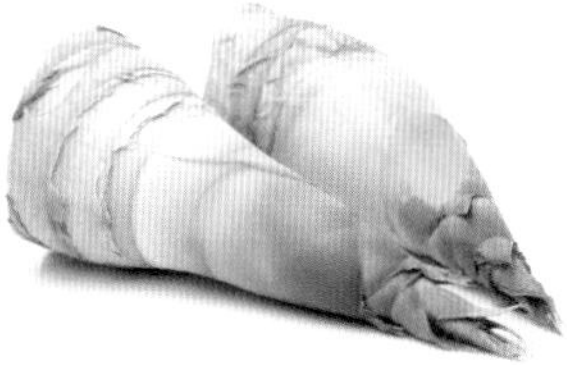

Q 春に食べたくなるメニューは？

A 筍ごはん、白アスパラガスのソテー、タラの芽、ふきのとうの天ぷら、サヨリの刺身、鰺のたたき、セリごはん

Q 普段使っている調味料はどんなもの？

A 天草の池崎醤油、友達が作ってくれる味噌、あるいは八丁味噌。あとは、ゆず酢、豆板醤、スリラチャホットチリソース、腐乳、アンチョビ、七味唐辛子、ナツメグ、ごま、梅干し、出汁昆布、顆粒出汁、削り節、など

# どんな素材もアレンジ次第。春の訪れは食卓からやってくる！

**阿川**　志麻さんは春になると食べたくなるものって何ですか？

**志麻**　アスパラガスです。子どもの頃、学校の帰りに自分でスーパーで買って帰るくらい好きでした。

**阿川**　それはグリーンアスパラガス？

**志麻**　はい。ふつうのグリーンアスパラガスでしたね。日本のものは細いのが多いですけど、旬の時期は太いのも出てくるんですよね。春になると必ずたくさん買って食べます。

**阿川**　春のイベントですね。私が子どもの頃は、生のアスパラって売ってなかったな。アスパラっていうと缶詰でしかなかったの。缶詰は上から開けてはいけません。穂先がやわ

らかくてつぶれるから、必ず底から開けなさいって。そういうことを学習しながら、缶詰を開けて、マヨネーズをかけて食べました。それしか食べ方を知らなかったんです。

**志麻**　缶詰はやわらかく茹でた白いアスパラガスですよね。最近は春になると日本のスーパーでも生の白いアスパラガスを見かけるようになりましたけど、フランスでは市場にたくさん並びます。

**阿川**　ヨーロッパの春といえば、白アスパラ祭りがありますよね。日本の筍シーズンのような盛り上がりになるって知ったのは、ここ最近。数年前にヨーロッパに行ったときに、「こんなにたくさん売ってるの」って驚きました。日本に買って帰ろうとしたんですが、通関の手続きが大変だと思ってあきらめたことがありました。日本でもフレンチとかイタリアンレストランに行って「今日は白アスパラがありますよ」と勧められると、すぐ注文しちゃいます(笑)。フランスの家庭では白アスパラはどうやって食べてるの?

**志麻**　レストランでは、オランデーズソースを添えたりしますけど、家庭では手作りのマヨネーズをつけて食べる人もいます。

**阿川**　フランスでは市販のマヨネーズって売ってないの?

**志麻**　売ってないわけじゃないんですが、家で作る人も多いです。マヨネーズとドレッシングは5分もかからず簡単に作れるから、家で作るものっていう感覚なのかな。

**阿川**　そういえば、子どもの頃、家でマヨネーズを作ったことがある。料理が好きだったので、よーし、挑戦してみようって思ったんだけど、難しかった。だって、酢を入れるとやわらかくなる。オイルを入れると固くなる。酢を足して、あっ、やわらかくなっちゃった。

じゃあ、オイルを足して。あっ、今度は固くなっちゃった……と、どこで終わらせればいいのかわかんなくなって(笑)。

**志麻**　酢とオイルのバランスがありますよね。油を多くすると、ぽってりとした仕上がりになるんです。

**阿川**　そうなんですね。オランデーズソースはどんなソースなんですか？

**志麻**　ふわっとした、あったかくて軽いマヨネーズみたいなソースです。

**阿川**　ブロッコリーやキャベツなんかにつけてもいいかも！　どかーんとテーブルに並べて、それぞれが自分のソースをつけて食べる。

**志麻**　いいですよね。私もよくやるんですが、茹でた野菜を並べてソースをつけて食べるって聞くと、日本では「それだけ？」って思われることが多いかもしれませんね。

**阿川**　手抜き料理って思われちゃう？

**志麻**　フランスだとそれもすごくごちそうっていうイメージ。シンプルですけど、野菜の味をしっかり感じられるし、みんなが食卓を囲んで自分の好きなものを思い思いに選びながら、食べる楽しみっていいなあって。

## フランス料理との出合い忘れられない感動の味

**阿川**　志麻さんの料理はフレンチがベースになっているんですよね。

**志麻**　はい。でも私は田舎育ちで、料理を勉強するまで実はフランス料理を食べたことがなかったんです。

**阿川**　ご実家ってどちらですか？

**志麻**　山口県長門市です。もともとは和食の職人になりたくて、大阪の辻調理師専門学校に入りました。そこでフランス料理に出合いました。

オランデーズソースとは、卵黄、レモン汁、バターを合わせ、乳化させて作るクリーミーなフレンチの基本ソース（35ページ参照）。

**阿川**　最初は和食の職人を目指したのね。
**志麻**　料理の道で生きてゆくと考えたときに、和食しか思いつかなかったんです。フレンチのレストランに行ったこともなく、そもそも外食なんてあまりしたことがなかったので、料理人といったら和食の職人というイメージがあって、辻調理師専門学校に入りました。
**阿川**　そこで、いろんな料理の勉強を？
**志麻**　ええ、和食に限らず勉強していましたけど、フランス料理に出合ってすごくひきこまれちゃったんですよね。
**阿川**　こんなおいしいものがあったのかって？　初めて食べたフランス料理は何ですか？
**志麻**　辻調理師学校で、手作りのマヨネーズとドレッシングを。
**阿川**　それは感動しますね。
**志麻**　はい。フレンチって高級なイメージがあったんですが、田舎で育った私が食べてもおいしいって思える料理なんだなと感じました。そこですぐにフランス料理を勉強したいと……。
**阿川**　予定変更？
**志麻**　はい。2年目にフランス校に行けるシステムがあるので、そちらに進みました。
**阿川**　フランス校ってリヨンでしょ？　行きましたよ、私。
**志麻**　えっ？　いつ行かれたんですか？
**阿川**　私は勉強しに行ったわけじゃないの(笑)。その話、していいの？
**志麻**　ええ。聞きたいです。
**阿川**　私がテレビの仕事を始めるきっかけになったのが1981年。素人のレポーターとしてフランスに行ってみないかという話があって。当時はお金をかけて海外旅行の番組を作っていた時代だったのね。で、クルーとフランスの各地を回って、最後にリヨンの辻調

のシャトーを取材させていただいたんです。

**志麻**　そうでしたか。

**阿川**　ちょうど、辻調がシャトーを買って、そこで学校を開校したばかりの頃。終業式直後で辻静雄さんがいらして、「君たち、昼飯食べてないでしょ？　スタッフに作らせるから、食べていきなさい」って、サンドイッチを作ってくださって。とってもおいしかったんだけど、隣で辻さんがざるそばを召し上がっていて、ちょっとうらやましかった(笑)。ずっと取材でフレンチのコース料理を食べ続けていたから、その頃はもうフレンチで胃が疲れていて、日本食が恋しくなっていたのね。

**志麻**　わかります。でも、フランスの家庭料理は意外とシンプルで、素材の味をしっかり感じられるような料理が多いんですよ。

**阿川**　志麻さんが作る料理って、メインにはしっかり塩がしてあるけど、そばに添えるものには調味料は使わずにシンプル。これってすごく胃にやさしいなって思いました。ＴＯＯ ＭＵＣＨとならないフランス料理に出合えた感じ。

**志麻**　うれしいです！

**阿川**　フランス料理はバターをたっぷり使った料理も多いから、内臓脂肪が多い私としては危険を感じないわけにはいかないけど(笑)。この一品にバターをたっぷり使うなら、こちらは淡白にしましょうというメリハリ。うん、メニューを考えやすくなりますね！

**志麻**　そうです。素材の組み合わせを変えるだけで、メニューの幅がぐっと広がるんです。

**阿川**　それぞれの素材がみんなちゃんと自立している感じ。それが志麻さんの料理の哲学なんだなって感じがします。

## 箸で食べるフランス料理を日本の家庭の食卓へ

**阿川**　志麻さんは調理師学校を卒業したあとは、フランスで修業されたの？

**志麻**　フランス校のあとに、三ツ星レストランでの研修が半年間ありました。そのあと帰国したんですけど、とにかくフランスに関することはなんでも知りたくて。料理以外のフランスの文化や歴史、芸術にももっと触れたいと思っていたんです。

**阿川**　フランスにのめりこんだのね。

**志麻**　そうですね(笑)。そうやって勉強しているうちに、フランス文学や映画に出てくる食事のシーンがいいなあって思ったんです。フランスのレストランというよりも、フランスの家庭の食事にどんどん興味が湧いてきて。

**阿川**　でも、辻調で勉強するお料理は、フランスの家庭料理じゃなくて、のちのちレストランで出すようなものじゃない？

**志麻**　そのなかでも、まかない料理のようなものも作るんですよ。私はどちらかというと、そういうざっくりとした料理が好きでしたね。

**阿川**　習っている料理より、まかない料理のほうが魅力的だった(笑)。

**志麻**　そうです(笑)。フランス料理を勉強するうちに、私は高級感のある料理よりも、家でさっと作れて、みんなでゆっくり食べられる料理にひかれていったんです。それでいまの道にたどりつきました。

**阿川**　家政婦のお仕事のはじまり。

**志麻**　はい。家庭の台所にある材料でフランス料理をいろいろ作りました。

**阿川**　これまでのフレンチの経験を、日本の家庭料理のなかに入れてみたのね。

**志麻**　レストランというかしこまった場所で

食べるフランス料理ではなく、いわゆるフランス人が家庭で食べている料理を作ったら、みなさんにも喜んでいただけて。

**阿川**　でもいつもご家庭にフレンチの食材が用意されているわけじゃないでしょ？

**志麻**　そうなんです。食材は同じものじゃなくても、代用して作ることもあります。なので、必ずきっちり作らなきゃいけないっていう感覚がなくなりました。それまでレストランで働いているときは、すっごい頭ががちがちだったんですよ。これでなきゃいけない、こうしなきゃいけないって思い込んでいて。

**阿川**　家政婦のお仕事をするようになって変わった。

**志麻**　考え方が変わりました。何よりも、家庭で子どももおじいちゃんおばあちゃんもみんなリラックスして、ああ、おいしいねって、お箸でフランス料理を食べてもらえることがものすごくうれしかったんですよね。

**阿川**　自分が行きたいところはここだったんだって思ったのね。

**志麻**　そうなんです。こういうふうにフランス料理を楽しんでほしかったんだなって、ようやく気づくことができました。

## 春を感じる和の食材を自由にアレンジ

**阿川**　志麻さんの故郷の山口では、春といえばどんなものを食べてましたか？

**志麻**　私が生まれ育った長門市は、海も山も近くて自然豊かなところだったので、魚介や野菜も新鮮でおいしいんです。子どもの頃は、春になると山菜を採りに行きましたね。

**阿川**　つくしなんかも食べた？

**志麻**　はい。自分で採ってきて、きんぴらや佃煮みたいにして食べていました。野いちごを摘んでジャムを作ったり、栗拾いに行って、栗ごはんを作ったり。遊び感覚で食に触れてきたんですね。子どもの頃にそういう体験ができたことはよかったなって思います。お米を作ることも身近でしたし、そういうことが食に対する興味につながったんだと思います。

**阿川**　そうか、新鮮な旬の食材が当然のごとく身近にあったんですね。

**志麻**　はい。食に恵まれた土地で育ったんだなって思います。阿川さんは春が来たなと感じるのはどんな食材ですか？

**阿川**　春はいろいろありますよね。私、しらすが好きなんです。シンプルにしょうがと醤油をかけたり、オリーブオイルと唐辛子でコンフィのようにして、バゲットにのせたり。ほかにおいしい食べ方はありますか？

**志麻**　そうですね……。しらすをメインにするというより、オイル漬けにしてサラダのトッピングにしたり、混ぜ込んでムースにしたり。あとは、梅干しと合わせて、にんにくとオリーブオイルと塩を加えて、ドレッシングみたいにするとか。

**阿川**　なるほど！　やってみよう。ほかにはね、セリ、タラの芽、ふきのとう、筍でしょ。それから、春キャベツや新玉ねぎ。魚なら、サヨリ、鰺、鯛もそう……。

**志麻**　どうやって食べることが多いですか？

**阿川**　天ぷら屋さんに行って、天ぷらで食べたいなって思うけど、家で食べるときは、ふきのとうは佃煮にしますね。セリはけっこう大量に買います。お湯でゆがいて細かく切って、ぎゅっと絞って、塩をパラパラっとかけて、ほいっと出す。それを炊き立てのごはんにかけるだけで、めちゃくちゃおいしいです。

**志麻**　おいしそうですね。筍はどうですか？

**阿川**　筍はいただくとうれしいんだけど、ゆがくのが大変よね。以前、圧力鍋でゆがこうと思ったら糠《ぬか》がなくて、「そうだ！　といでない米を入れればいいや」と思ってやってみたら、お米が筍の汁を吸いこんでリゾットのようなものができあがったの。それが食べてみたら意外とおいしくて。

**志麻**　筍の味が染み込んだリゾットですね！私はずっとフレンチベースでやってきているので、いわゆる和の食材をあまり使ってこなかったんです。なので、今回、阿川さんからリクエストいただいた春の食材は使い慣れてないものもあって、私にとってはハードルが高いなって思っていました。ぜひ、阿川さんにいろいろ教えていただきたいなって、ちょっとわくわくしていました。

**阿川**　あら、そうなの(笑)。家政婦のお仕事のときに、和の食材があったときにはどんな料理を作ったの？　これは喜ばれたっていうお料理はありますか？

**志麻**　そうですね。たとえばタラの芽だったら、イタリアンとかフレンチとかちょっと洋のほうに変えて作りました。和の食材はふだんみんなが食べ慣れている調理法では作らないように工夫しますね。タラの芽の天ぷらは食べなれているかなと思うので、フリットにしたり。

**阿川**　フリットと天ぷらはどう違うの？

**志麻**　フリットは揚げ物全般のことを指すのですが、衣にもバリエーションがあるんですよ。今回は炭酸水を使ってフワッと軽く仕上げてみました(44ページ参照)。

**阿川**　そうなんだ。

**志麻**　ほかにはタラの芽をオリーブオイルとガーリックで炒めたり、鶏肉と合わせたり。フランスにもアンディーブとか苦味のある野菜があるので、そういうのを意識して作りま

すね。使い慣れていない食材で料理を作るときには、フレンチのこの食材と似ているから、こうやったら絶対合うだろうなという思考になるんですよね。たとえば、セリのようなクセのある野菜は、フレンチだとクレソンやタンポポに近いから、カリカリに焼いたベーコンのドレッシングを合わせようとか、ふきのとうは油と相性がいいから、コンフィにしようとか考えます。

**阿川**　なるほど。和の食材だと思うと調理法も限られるもんね。それこそ、タラの芽なんて、スパゲティやリゾットにするとおいしいし。春は筍を和風に作ってばかりいると飽きちゃうから、洋風にバター炒めとか中華風に青椒肉絲《チンジャオロース》にするとか。

**志麻**　自分でいろいろアレンジしてみると料理がもっと楽しくなりますよね。

**阿川**　そう、失敗はおそれずに試してみる！

そうそう、以前、玉ねぎをふるさと納税でたくさん頼みすぎたことがあったんですね。どんどん芽が出てきて。でも、捨てるのはもったいないから、早く大量に使うにはどうしたらいいか考えて、「そうだ！　これはスープだ」と。いつもはオニオングラタンスープを作るんだけど、シンプルな玉ねぎスープってないかなと思って、料理本を読んでいたら、辰巳芳子先生の新玉ねぎを丸ごと使うスープを見つけたんです。よし、これだと思ってさっそく作りました。玉ねぎを大量に使いたいから、丸ごとじゃなく全部ざくざく切って、にんにくとオリーブオイルで炒めて、しんなりしてきたところに水とスープストックと鶏の手羽元と昆布を入れてことこと煮込む。そこに塩とこしょう。さらに梅干しとレモンを加えたら素晴らしくおいしいの。これは飽きないスープでした。

**志麻**　おいしそうですね！

**阿川**　私は残ってダメになりそうな食材をどうやって処理しようか、日々戦ってますよ（笑）。大量に筍をいただいたときはとりあえずゆがいておいて、薄口の出汁で炊いてタッパーで保存しておきます。

**志麻**　下ごしらえをしておけば、いろいろな料理にアレンジできますよね。

**阿川**　そういえば、春に限定ではなかったかもしれないけれど、子どもの頃、鶏飯《とりめし》はよく食べた記憶がありますね。父が好きだったんです。私は洋食に憧れていた子どもだったから、鶏飯よりもマカロニグラタンとかシチューが食べたいって思ってて、あまり喜ばなかったと思うんです。でもね、コロナ禍で外食ができなかった頃、毎日献立を考えなくちゃならなくて。ある日、鶏飯を作ってみたんです。そうしたら、「あれ、意外とおいしいじゃん？」って。以来、何回か作りました。

**志麻**　どんな鶏飯ですか？

**阿川**　鶏のスープで炊いたごはんに鶏そぼろをのせて、ちらし寿司と同じように細かくした炒り卵、斜めに切ったさやいんげん、細かく切ったきゅうりにちょっと酢と塩を加えて和えてのせる。セリでもいいし。

**志麻**　セリをのせると、春らしくなりますね。

**阿川**　母が鶏飯を作るときは、きれいな大鉢に鶏のスープで炊いたごはんを盛って、そこに卵、鶏のそぼろ、きゅうり、紅ショウガなどをのせていました。三色弁当というより、三色以上いろいろのせて。でも、そうすると、ひとりずつ取り分けたあとがあちこち陥没しちゃう。なので私は具をそれぞれ小鉢に入れて、ごはんは別にひとり分ずつよそって、好きな具をスプーンでのせるようにしたんです。これはおいしくできて自画自賛です。

**志麻**　盛り付け方、見た目も大切ですね。

**阿川**　そうそう、志麻さんの本のなかで、レタスの葉をばらさずに芯をつけたままざくっと切って、お皿にのせてドレッシングをかけるだけ、というレシピを見つけました。レタスの葉をちぎって混ぜて作るサラダもそれはそれでおいしいけど、なるほど、そのままポンと出すという贅沢さっていうのがあるんだなって。さっそく真似しました。

**志麻**　同じレタスのサラダでも、なんか違うんですよね。フランスはナイフとフォークの文化なので、素材をどーんと大きいまま使えるんです。和食は箸で食べるので、一口大とか素材を小さく切ることが多いですよね。日本のスーパーでは薄切り肉や小さく切った肉がパックで売っていますけど、フランスでは薄切り肉はなかなか見つけられないです。

**阿川**　そうか、薄切り肉は箸の文化から生まれたのかな。

**志麻**　そうかもしれませんね。私はフランスの家族や友人たちに、日本っぽい料理を食べさせたいときは、薄切り肉を使った料理を作ります。わざと肉を薄く切って炒めたりすると、珍しそうに見てますね。逆に日本人の家庭でフランスっぽいものを食べてもらいたいなと思ったときは、かたまり肉を探してくるか、または薄切り肉を何かに巻いてボリュームを出して、かたまり肉のようにどーんと置いて火を入れたりすると、ちょっと豪華な印象になります。

**阿川**　なるほど。以前、大阪の高級レストランで、ステーキかなって思ったら、薄切り肉をミルフィーユのように重ねた料理だったことがあります。フォークとナイフの文化と箸の文化のミックスね。あれはおいしかったなぁ！

外側を使って小さくなったレタスを８等分ぐらいに切り、好みのドレッシング、黒こしょうをふるだけで、おしゃれな一皿に。

教えて！志麻さん

## Q 味つけのポイントは何ですか？

A

フランスの家庭料理の味つけは、塩がベースになっています。和食のように醤油や味噌、砂糖、みりんなどを組み合わせるのではなく、ほぼ塩だけで味を決めるので、その加減はとても大切です。とはいっても、同じトマト1個、きゅうり1本でも個体差がありますし、食べる人の体調でも変わってくるので、レシピの分量はあくまで目安と考えて、自分の感覚で「おいしい」と思う塩加減を見つけていただくのが一番だと思っています。

また、私は一つの料理、一つのお皿で味のバランスをとることも心がけています。たとえば、グラタンを作るときなら、具材にはしっかり味をつけて、ホワイトソースには塩を入れずに仕上げて、全体の塩分のバランスを考えます。魚や肉をメインにするなら、メインにはしっかり味をつけて、付け合わせの野菜は塩なしで茹でるようにもしています。全部にしっかり味をつけると、メリハリがなくなりますし、重たく感じてしまうんですよね。

ぜひ、このことを頭に入れて、春のレシピを楽しんでいただけたら。

# 鯵のタルタル

## マスタードが効いた鯵のオードブル

**材料**（1〜2人分）

鯵（刺身用）――100〜120g
ケッパー――大さじ1（みじん切り）
パセリ――大さじ1（みじん切り）
マスタード（粒）――小さじ1
塩――適量（鯵の0.8〜1％の量）
こしょう――適宜

**作り方**

1 ボウルにみじん切りしたケッパー、パセリ、マスタード、粗くみじん切りした鯵を入れて和える。

2 味をみて、塩・こしょうで調える。

Shima's point

鯵はレモンなどで酸味を加えると、さらにさっぱりとした味わいになります。

# セリとベーコンのサラダ

## セリに香ばしいベーコンを和えて

**材料**（2〜3人分）

セリ——1束（食べやすい長さに切る）
厚切りベーコン——70〜80g（角切り）
オリーブオイル——大さじ1
塩——ひとつまみ
こしょう——適宜
酢——大さじ1

**作り方**

1 フライパンにオリーブオイルをひき、中火でベーコンを炒めて、塩・こしょうをふる。
2 フライパンを火からはずして、酢を加えて混ぜる。
3 皿に盛ったセリに2を回しかける。

Shima's point

カリカリベーコンでドレッシングを作るような感覚です。酢はリンゴ酢でもOK。

# 白アスパラガスのオランデーズソース添え

バター風味の温かいソースで旬を味わう

**材料**（2〜3人分）

白アスパラガス――4〜6本

【オランデーズソース】

卵黄――1個分

水――大さじ1

塩――ひとつまみ

こしょう――適宜

溶かしバター――50g

レモン汁――小さじ1

**作り方**

1 鍋にたっぷりの湯を沸かし、根元のほうの皮をむいた白アスパラガスを中火で5分くらい茹でる（やわらかくなるまで）。

2

**オランデーズソースを作る。**
❶ボウルに卵黄、水、塩・こしょうを入れ、湯煎にかけながら、ぽってりとするまで泡立て器でしっかり混ぜ合わせる。❷湯煎から外し、溶かしバターを少しずつ加えて混ぜる。❸レモン汁を加えてさらに混ぜ合わせる。

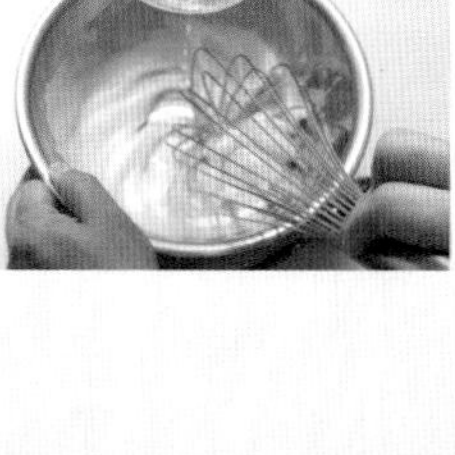

3

皿に盛った白アスパラガスに2を回しかける。

Shima's point

白アスパラガスは、むいた皮も一緒に茹でると香りがつきます。オランデーズソースは、泡立て器を持ち上げたときに、たらりと線がかけるくらいの固さが目安。

# 鯛のポワレ 鱗《うろこ》仕立て

## じゃがいもを鱗に見立てた本格フレンチ

**材料**（2〜3人分）

新じゃがいも——小2〜3個（薄いいちょう切り）
鯛——（サク）1本（約200g）
溶かしバター——30g
片栗粉——小さじ½
オリーブオイル——大さじ1
塩——適量（鯛の0.8〜1%の量）
こしょう——適宜

**【ブールブランソース】**

白ワイン——150㎖
酢——小さじ1
塩——ひとつまみ
玉ねぎ——少々（みじん切り）
バター——50g

Shima's point

じゃがいもを並べたあとに冷やし固めると、焼くときにはがれにくくなります。じゃがいもの代わりにズッキーニでも。

**作り方**

1 じゃがいもを薄いいちょう切りにして、さっと茹でたら、キッチンペーパーで水分を取って溶かしバター（15g）を絡める。

2 鯛の皮目に片栗粉をまぶし、1のじゃがいもを鱗のように重ね並べる。

3 並べたじゃがいもの上に、残りの溶かしバター（15g）を塗り、冷蔵庫で冷やし固める。

4 フライパンにオリーブオイルをひき、3のじゃがいもの面を下にして置いたら、身のほうにしっかりめに塩・こしょうをふり、弱火で20分ほど動かさずに焼く。

5 身が白っぽくなったら、裏返してさっと焼く。

6 **ブールブランソースを作る。** ❶小鍋に白ワイン、酢、塩、玉ねぎを入れて弱火にかける。❷火が通ったら玉ねぎをぎゅっと絞って漉《こ》し、小鍋に戻す。❸バターを加えて混ぜ合わせ、乳化させる。

7 皿に6のソースをしき、焼きあがった鯛をのせる。

# ハマグリと春キャベツのブレゼ

**磯の香りと旨味がたっぷりの一品**

**材料**（2〜3人分）

春キャベツ——1/4〜1/2個
ハマグリ——6〜9個
白ワイン——100mℓ
水——50mℓ
塩——適宜
こしょう——適宜

**作り方**

1 フライパンに手でちぎった春キャベツを広げてハマグリをのせる。
2 白ワインを回しかけてふたをし、中火で蒸し、ハマグリのふたが開いたら、ハマグリをいったん取り出す。
3 フライパンに水を加えてキャベツがしんなりするまで火を通し、味をみて塩・こしょうで調える。
4 ハマグリを戻し入れる。

Shima's point

ブレゼとは蒸し煮のことです。ハマグリは火を入れすぎると身が縮んで固くなるので気をつけて。好みでコンソメを入れても。

# サーモンとふきのとうのコンフィ

## ほろっとした食感を楽しむオイル煮

**材料（2〜3人分）**

サーモン（刺身用）――150〜180g（一口大）
ふきのとう――5〜8個
オリーブオイル――適量
にんにく――1かけ（半割りにしてつぶす）
赤唐辛子――1本
塩――適量（サーモンの0.8〜1％の量）
こしょう――適宜

**作り方**

1 ふきのとうは茶色くなった部分を取り除き、きれいに洗って水気をしっかりふき取る。
2 サーモンにしっかりめに塩・こしょうをふる。
3 小鍋にサーモン、ふきのとう、にんにく、赤唐辛子を入れ、半分つかるくらいのオリーブオイルを加えて、弱火で10分くらい煮る。

Shima's point

苦味のあるふきのとうは、旨味の強いサーモンと相性がぴったり。オイルで煮込むときは小さな泡が出るくらいの火加減で。

# ふきと鶏もも肉のブレゼ

## 苦味をアクセントにした鶏の蒸し煮

**材料**（2～3人分）

ふき――1本
酢水――適量
鶏もも肉――1枚（一口大）
ベーコンスライス――3～4枚（2～3cmに切る）
オリーブオイル――大さじ1
塩――適量（鶏もも肉の0.8～1%の量）
こしょう――適宜
白ワイン――50mℓ
水――50mℓ
コンソメキューブ――1個

**Shima's point**

ふきの苦味と鶏肉の甘味が絡み合い、ベーコンを加えることで旨味もアップ。ふきの代わりにキャベツでもおいしいです。

**下準備**

ふきは皮を厚めにむき、3～5cmに切って酢水にさらす。

**作り方**

1 ふきを沸騰した湯に2～3分ほど入れてアクを抜き、水にさらす。
2 鶏もも肉にしっかりめに塩・こしょうをふる。
3 フライパンにオリーブオイルをひき、鶏もも肉を皮目から中火で焼く。
4 鶏もも肉の両面に焼き目がついたら、ふき、ベーコン、白ワイン、水、コンソメを加えてふたをし、20～30分中火で煮る。
5 味をみて塩・こしょうで調える。

# 筍と鶏レバーのポワレ 赤ワインソース添え

## 深みのある本格ソースが味の決め手

**材料**（2〜3人分）

鶏レバー —— 150g
筍（水煮）—— ½個（140g）
小麦粉 —— 適量
オリーブオイル —— 大さじ1
塩 —— 適量（鶏レバーの0.8〜1％の量）
こしょう —— 適宜

**【赤ワインソース】**

赤ワイン —— 200mℓ
水 —— 50mℓ
醤油 —— 小さじ1
はちみつ —— 小さじ1
バター —— 30g

Shima's point

ソースは赤ワイン、水、醤油をしっかり煮つめること。醤油を加えると味に深みが出ます。はちみつの代わりに砂糖でも。

**作り方**

1 **赤ワインソースを作る。**
❶小鍋に赤ワインを入れて⅓の量になるまで煮つめる。❷水、醤油を加えてさらに⅓の量になるまで煮つめる。❸最後にはちみつ、バターを加えて混ぜ合わせる。

2 鶏レバーは白っぽい脂を取り除いて、キッチンペーパーで水気をふき取る。

3 一口大に切った筍とレバーにしっかりめに塩・こしょうをふり、小麦粉をまぶす。

4 フライパンにオリーブオイルをひき、筍とレバーを中火で焼く。

5 焼きあがった筍とレバーを皿に盛り、赤ワインソースをかける。

# サヨリとホタテのフリット

## やわらかムースを包んでカリッと揚げて

**材料**（2～3人分）

はんぺん――½個
ホタテ貝柱――100～120g（3～5個）
卵白――1個分
サヨリ（切り身）――6枚
塩――適量（サヨリの0.8～1％の量）
こしょう――適宜
オリーブオイル――適量

**【フリットの衣】**

小麦粉――30g
炭酸水――120mℓ
塩――ひとつまみ

Shima's point

はんぺんを使えば割安ですし、ふわっとした食感の具に。衣は炭酸水を加えると軽くてサクサクの仕上がりになります。

**作り方**

1 はんぺん、ホタテ貝柱、卵白をミキサーにかけてムース状にする。
2 1をスプーンですくい、塩・こしょうをふったサヨリでぐるぐると巻く。
3 ボウルに小麦粉、炭酸水、塩を入れ、混ぜ合わせ、フリットの衣を作る。
4 2をフリットの衣にくぐらせる。
5 小鍋にオリーブオイルを入れて中火にかけ、衣がカリッとするまで揚げて、油を切る。

# 鯛のパエリア

## 鯛を丸ごと使って豪華なおもてなしに

**材料（2～3人分）**

鯛――1尾
塩――適量（鯛の0.8～1％の量）
こしょう――適宜
オリーブオイル――大さじ1
**【パエリア】**
トマト水煮（カット）――1缶
水――400mℓ
玉ねぎ――½個（みじん切り）
にんにく――1粒（みじん切り）
米――3合
パプリカ（赤・黄色）――½個ずつ（細切り）
塩――適量（ふたつまみ）
こしょう――適宜
ローリエ――1枚
タイム――適量

**下準備**

**【鯛の下処理をする】**
❶包丁を立てて、鯛の両面の鱗を取る。❷エラの中に包丁を入れて、下顎から尾に向かって切り込みを入れて内臓を取り出す。❸血合いを流水で洗い流し、キッチンペーパーで水気を取る。
オーブン予熱200℃

**作り方**

1 フライパンにトマト水煮、水、玉ねぎ、にんにく、米を入れて中火にかける。
2 ひと煮立ちしたら、塩・こしょうで味を調える。
3 2を天板にしく。
4 塩・こしょうした鯛とパプリカを3にのせ、鯛にオリーブオイルをかける。
5 ローリエ、タイムをのせて、オーブン（200℃）で40分くらい焼く。

Shima's point

鯛は切り身でもOK。下味にしっかりと塩をふっておきます。深めの耐熱容器で作ってそのまま食卓に並べても。彩りにお好みで茹でたいんげんなどを飾って。

# うどのタプナード和え

## オリーブの万能ペーストと和えて

**材料**（2～3人分）

うど（茎の部分）
——1本分（拍子木切り）
酢水——適量（ボウル1杯分）
塩——ひとつまみ
こしょう——適宜
【タプナードソース】
オリーブ——25g（みじん切り）
アンチョビ——1切れ（みじん切り）
にんにく——½かけ（みじん切り）
オリーブオイル——大さじ2

**下準備**

うどは厚めに皮をむいて拍子切りにし、酢水に10分ほど浸してアクを抜く。

**作り方**

1 **タプナードソースを作る。**
❶オリーブ、アンチョビ、にんにくをみじん切りにする。
❷ボウルに①とオリーブオイルを入れて混ぜ合わせる。

2 水切りしたうどとタプナードソースを和え、味をみて塩・こしょうで調える。

# 夏のごちそう

鮮やかな彩りの夏野菜がおいしい季節。
暑い夏をのりきる定番料理と思い出の味。

# 阿川さんに聞きました

Q **阿川家で夏に欠かせない食材は？**

A
［子どもの頃］
とうもろこし、賀来カレー（インド風のさらさらカレー）、きゅうり（こしょうかけ）、いんげん
［現在］
そーめん、ホタテスパゲティ、賀来カレー、ガスパチョ、うなぎ

Q **旅先で食べて、もう一度食べたいと思っている夏のメニューは？**

A
スペインで食べたガスパチョ、きゅうりのヨーグルトサラダ、冬瓜のスープ

Q **志麻さんに使ってほしい夏の食材は？**

A
ナス、きゅうり、とうもろこし、トリガイ、鮎、タコ、アワビ、桃、しそ、いちじく、パッションフルーツ、水ナス

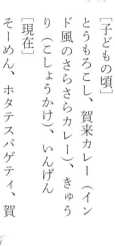

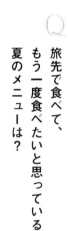

# 思い出の味が夏の記憶。暑さに勝るレシピとは？

**阿川**　子どもの頃から夏に食べていた料理に、〝賀来カレー〟って呼ぶカレーがあるんです。

**志麻**　どんなカレーですか？

**阿川**　両親と親しかった賀来さんという方が作ってくれたのが発端なので、賀来カレー。人の名前なんです。

**志麻**　お名前でしたか！

**阿川**　じゃがいもとにんじんは皮つきのまま大きめに、玉ねぎはザクザク切って、骨つきチキンと一緒にゴロンゴロンと炒めるんです。そこに塩とこしょう、カレー粉、唐辛子も入れて、牛乳をダボダボーっと入れて。あとはすりおろしたにんにくとしょうが、トマトを加えてクツクツと煮込むだけ。さらさらのカレーなんです。

**志麻**　おいしそう！

**阿川**　カレーといえば、とろっとした欧風カレーが一般的だった時代に、さらさらのインド風の賀来カレーは珍しかった。当時、クミンやマサラなんてスパイスもなかったし、子どもの私は、へえーインドのカレーってこういうカレーなんだって思いました。今は本格的なスパイスカレーがたくさんあるし、雑誌でもよく特集してますよね。

**志麻**　流行ってますよね。スパイスカレーは私のなかでは難しいイメージがあって、経験

を積まないと味のバランスがとれない気がするので、これまで自分では作ろうと思ったことはないんです。時間に余裕があればやってみたいんですが、今はなかなか……。でも、賀来カレーは作ってみたいです。

**阿川**　ぜひぜひ！

**志麻**　今日作るナスと鶏肉のカレー煮込み（76ページ参照）が少し似ていて、ココナッツミルクで煮込むんですけど、賀来カレーは牛乳なんですね。じゃがいもとにんじんは皮つきのままで。

**阿川**　そうそう。じゃがいもは煮くずれしないためと教わった記憶があって。だからゴロンと大きい塊のまま。にんじんも野性的に乱切りです。とにかく手がかからないカレーなんですよ。手がかからないレシピはのちのちずっと残りますよね。

**志麻**　たしかに、そうですね。フランスでも親から代々伝わる定番レシピは、手間がかからないものばかり。少しずつ工夫を重ねながら自分のものにしていくのがいいですよね。

**阿川**　私も、鶏肉は骨つきと骨なしを半分ずつにするとか、食べやすい大きさに切るとか、大人になって自分で作るようになってからは、少しずつアレンジするようになりました。

**志麻**　進化しているんですね。

**阿川**　進化か退化かわからないけど。簡単にできるのがよくて、実家を出てからも、夏になると賀来カレー作ろうかなって。もちろんほかの季節でもいいんですけど、夏に合う気がするんですよね。

**志麻**　夏の定番ですね。

**阿川**　もうひとつ、うちの夏の定番があるんですけど、いいですか？

**志麻**　ぜひ、教えてください！

**阿川**　友達が教えてくれたホタテのスパゲテ

ィなんですけど、高校時代からよく作ってい
て。材料は、ホタテの缶詰一個、にんにくを
けっこうたっぷり、そして赤唐辛子。あの頃
はオリーブオイルってあまり使ってなかった
から、サラダオイル。まず、ホタテの缶詰を
開けたら、紙だけ抜いて、汁ごとフォークで
ぐしゃぐしゃにしておきます。にんにく1片
か2片をみじん切りにして。

**志麻**　にんにくは、すりおろすと香りが強く出て、大きくなればなるほどやわらかくなりますね。

**阿川**　小鍋にカップ半分のオイルを入れて火にかけて、熱くなったらにんにくと赤唐辛子をジュッと入れて、そこに缶詰のホタテを汁ごと加えるんですよ。これ、怖いのよ、最初は油がばあーって飛び跳ねるから。でも、汁のほうが勝てば、そのあとシュンって大人しくなるから、気をつけながら汁をじゅじゅーと入れます。スパゲティはふつうに茹でて、その上にホタテのソースをドロンとかけて、塩・こしょうで味をつけるだけ。それだけでオイルたっぷりホタテスパゲティの完成です。これもめちゃめちゃ簡単なので、暑くて何も食べる気しないときに、いいんですよ。

**志麻**　おいしそう！

**阿川**　あまりにも簡単だから、調理してるのかって感じがするけど、なんかいいでしょ。

**志麻**　夏場は暑くて食欲もなくなるので、そういう定番メニューがあるといいですよね。

**阿川**　志麻さんの定番は？

**志麻**　うちは冷たい麺が多くなりますね。茹でた麺とレタスの千切り、きゅうり、トマト、もやし、みょうが、薬味も大皿に盛りつけてテーブルにどんと置きます。タレやスープはそれぞれの器に入れて、自分たちが好きな組み合わせで食べてもらう。野菜のほかにも、

子どもが好きなツナやカニカマ、茹でたささみとか、とにかくチョイスをいっぱい増やして、自分の味を作って食べるっていうのがうちの定番スタイルです。

**阿川**　楽しそうね。

**志麻**　子どもたちは野菜もいっぱい食べてくれるし、自分のものを完成させる体験ができるのでいいなって思います。見ているとそれぞれ好みに個性が出るんです。きっちり配分を考えて選ぶ子と、好きなものだけバーっとたくさん入れて食べる子と。

**阿川**　性格が出ますよね。うちはどうだったかなあ。きゅうりと長ねぎ、しそ、みょうが、ハム。卵は薄焼きにするのが面倒だから、フライパンにざーっと流して、じゃーじゃーって粗い炒り卵みたいにして。あとはしょうが。それからなんだろう、ごま、佃煮、干ししいたけの甘煮みたいなものとか。

**志麻**　具がたくさんあるといいですよね。

**阿川**　うちも薬味をたくさん並べるんだけど、食べきれないことも多くて。そういうときはまとめてとっておいて、次の日のサラダに入れたりします。

**志麻**　私もサラダやスープに入れます！

**阿川**　おいしくしたいのと同時に、残り物をなんとか生かしたいって気持ちが強いのよね。そうそう、もうひとつ阿川家の夏の定番がありました。その名も〝なみちゃんひや麦〟。

**志麻**　なみちゃんが作った？

**阿川**　その通り！　昔、父がよく麻雀をやっていた時代、赤坂の旅館の女将のなみちゃんから教えてもらって母に作らせたんです。父は、「これがうまいんだ！」って言って、お客さまが来るとお昼ごはんに出していました。

**志麻**　どんなひや麦ですか？　気になります。

**阿川**　ごぼう、ナス、しいたけ、長ねぎとか

根菜をごま油でじゃーっと炒めて、醤油をダバーっと入れたタレにひや麦をつけて食べるの。けっこうギトギトで濃厚なんですよ。

**志麻**　味つけはお醤油だけですか？

**阿川**　出汁は入れてたかなあ。私は娘時代あまり好きじゃなくて。でも評判はよかった。大人になってからときどき作るんですけど、あっさりはしていないの。ふつうのタレにちょっと変化をつけたいときにはおいしいです。

**志麻**　お父さまがレシピを仕入れて、お母さまが再現して、それを阿川さんがまたアレンジされて。とってもいいなって思います。

**阿川**　子どもの頃からうちの料理はアバウトなんですよ。昔の話ですけど、レーズンバターって私が子どもの頃はまだ一般的ではなかったんですね。父がどこかのバーで知って、これはうまいって思ったんでしょうね。家に帰ってきて「お前、これ作ってくれっ」て、母に口頭で説明して。母は「えっ？」って思いながらも、父の説明通り作ったんです。バターをちょっとやわらかくして、そこにレーズンを入れて銀紙で巻いて、冷蔵庫で冷やして。そうしたら、父は「これだ、これだ」って満足そうでした。それからはよく家で作って食べてましたね。父から聞くんじゃなくて、母が誰かに直接習うってこともありましたよ。実際は元の料理とはすごく方向が違ってるかもしれないですけどね(笑)。

## 暑い夏に食べたい冷たいスープ

**阿川**　夏に冷たいスープっていうのもいいですよね。ビシソワーズも好きだけど、ガスパチョも夏によく作ります。

**志麻**　ガスパチョはスペインの家庭料理ですよね。トッピングに野菜をたっぷりのせると食感も楽しめて、サラダ感覚で食べられますし、暑い夏にはぴったりのスープですね。

**阿川**　ガスパチョを初めて食べたのは30年くらい前になるかな。毎日、報道番組の仕事をしていたから、夏休みはなーんにもしない旅をしたいと思って。ちょうどその頃、スペインに留学している友人がいたのでアレンジしてもらったんです。「スペインで何がしたい？」って聞かれたけど、「何にもしたくない」って答えたら、「わかった、私がホームステイしていた家があるから、そこを紹介する」って。その家を訪ねたらマンマが歓待してくれて、ガスパチョを作ってくれたんです。

**志麻**　どんなガスパチョでしたか？

**阿川**　これがもう、ものすごくおいしかったんですよ。ガスパチョはスペイン人にとって家庭料理で、インドのカレーと同じようにそれぞれの家で味も違うって聞いて作り方を教わったんです。でも、私いい加減だから当時の味からどんどん変わってきてるんだけど。

**志麻**　入れる野菜によっても味は変わりますからね。

**阿川**　私はだいたい、トマトときゅうりとセロリ、それからパプリカなんて洒落たものじゃなくピーマンっていう感じで。ほかに何を入れるんでしたっけ？

**志麻**　にんにくとパンを。

**阿川**　お酢も入れますよね。ちょっとウスターソースも。それをギューイーンとミキサーにかけて。余裕があってちゃんと作るときは、きゅうりを細かく切って上にのせて食べるとおしゃれだけど。家で自分ひとりで食べるときはあまり面倒なことはしないんです。

**志麻**　私はそのときの気分によって作り方を変えてもいいと思っているんです。たとえば、野菜以外にパンとかパン粉のようなつなぎを

ガスパチョとは、野菜をたっぷり入れ、調味料などを加えてミキサーで攪拌《かくはん》し、よく冷やしていただく冷製スープのこと（64ページ参照）。

入れないで作ると、さらっとしたガスパチョになりますし、少し酸味を効かせてもおいしいです。野菜は冷蔵庫にあるものなんでも使って。たとえばトマトとフルーツを合わせたり。トマトと桃でもおいしいんですよ。

**阿川**　トマトと桃！　その組み合わせは考えたことがなかった。私は夏においしい桃のスープを作って食べたいっていう憧れがあったんです。トマトと桃は一緒に入れるの？

**志麻**　はい。一緒にミキサーで回します。桃だけだと甘くてデザートっぽくなってしまうんですけど、トマトと合わせるといいんです。

**阿川**　自分で作ってみたことがあったんですが、桃ジュースとどう違うのかわからなくて。塩・こしょうで味をつければいいのかなと思ったり。そうかトマトと合わせるんですね！

**志麻**　いちごとトマトでもいいですし。さっぱりしていておいしいですよ。トマトは旨味もあるし、酸味もあるし、バランスがいいんです。

**阿川**　よし、今度やってみよう！

**志麻**　ぜひ！

**阿川**　夏とは関係ないけど、先日、志麻さんの本を読んでいたら、アイオリソースというのも見つけて。この前のお話でもフランス人はマヨネーズを家で作るってお聞きしたし、そうだ作ってみようかなと思って。

**志麻**　うれしいです！

**阿川**　それで、レシピを読んだら卵の黄身を使うって書いてあって、じゃあ残った白身はどうしようかって考えて。翌日は白身だけ使うのもめんどくさいなって思ったので、ちょっと手を抜きまして。市販のマヨネーズにすりおろしたにんにくを入れて、そこにオリーブオイルと酢をちょっと足して攪拌して、そこにアンチョビも入れてみたんです。前菜を作るのが面倒っていうときは、カリフラワー、きゅうり、セロリとかをどーんとお皿に並べておいて、そのソースだけ作っておいたら、野菜をいっぱい食べられて！　手抜きのタサン志麻メニュー。

**志麻**　いいです！　阿川さんみたいにどんどんアレンジして、自分のレシピにしていくと楽しいですよね。

**阿川**　だんだんうちの常備食になってきました。もう3回くらい作ってます。本当はマヨネーズも作ったほうがいいですけどね（笑）。

**志麻**　アイオリソースはブイヤベースのスープなんかに入れてもおいしいですよ。

**阿川**　合いそうですね。昨日、冷蔵庫を開けてみたら、ちょっと前に近所で買ったサーモンが半分残っていて。「まだ大丈夫かな？」と思ったんだけど、焼いちゃえば問題ないと思って切り身にして、オイルとにんにくをちょっと入れて、バターで焼いてみたんです。味つけは塩・こしょうだけでしたけど、ちょっとなんか気が抜けるかなって思って。ピクルスはないけど、らっきょがあった。それで、急遽《きゅうきょ》、らっきょをみじん切りにしてサーモンの上にかけて、キューピーアイオーリをかけてみたんです。そしたらすごくおいしかったの。

**志麻**　いいですね！

**阿川**　珍しく洒落たもの作っちゃったと思って（笑）。アイオリソースは焼き物にもすごく合うんですね。

**志麻**　茹でた鶏の胸肉、鶏ハムとかにも合いますよ。にんにくがちょっと入っているから食欲も出ますよね。

**阿川**　夏はにんにくを使った料理、いいですよね。私、にんにく大好きです。

**志麻**　はい！　今日はにんにくが入った料理

アイオリソースとは、卵黄、おろしにんにく、酢、塩こしょうをよく混ぜ、オリーブオイルを加えながら泡立て器で撹拌して乳化させたもの。

も作ります。

## 料理はやっぱり組み合わせ 代用レシピも面白い

**阿川**　私は冷蔵庫に残っているものをいかに殺さないかっていうことしか考えてないんです（笑）。ご臨終に近い食材をどうすればおいしく食べられるか。

**志麻**　いろいろアイディアをおもちですよね。

**阿川**　料理の本を見ても、やっぱり作りやすいものに偏っていっちゃうんですよね。コロナ禍で外食ができなかったときなんか、料理は毎日のことだから、3日に一度同じものを作るようになっちゃうのはまずいし、どうしようかなって思って。母がこんなもの作っていたなとか思い出したり、それこそ、志麻さんの本を見て、こんなソースを作ってみようとか。なるほど、茹で豚もいいかなとか。いろいろヒントをもらって、うちにあるものを組み合わせて作ってるだけなんです。二度と作れません（笑）。

**志麻**　レシピ通りに作らなきゃと思う方が多いんですよね。

**阿川**　ああ。それができないのよ、私。

**志麻**　レシピ通りにと思わないほうが料理は楽しめると思います。こうしなきゃいけないっていう感覚で料理を作っちゃうと、どうしても苦しくなっちゃう。だから、阿川さんはレシピをご自分のものにされてるなって、お料理が好きなんだなって伝わってきます。

**阿川**　結局、組み合わせですよね。これとこれは相性がいいかなって。それがぴったり見つかったときはうれしいですよね。

**志麻**　そうですね。私も家ではいろいろ組み合わせてみて、レシピを考えています。失敗もありますけど、おいしくできたときはうれしいです。組み合わせは無限ですからね。

**阿川**　そうそう、ピクルスの変換っていうのがあって。茹で卵をみじん切りにして、タルタルソースを作ろうと思って。あっ、タルタルソースにはピクルスだ。たしか、冷蔵庫にピクルスがあったと思って冷蔵庫を探していたら、ピクルスは見つからず、らっきょが見つかって、「まあ、同じようなもんじゃん」ってらっきょで代用しました。以来、タルタルソースはだいたいらっきょで作るように。志麻さんも家政婦のお仕事のときに代用品で作ることが多いってお話しされてましたよね。

**志麻**　はい。代用品で作ることのほうが多いですね。家政婦の仕事をやり始めたときは、すごく困ったんですよ。あれもない、これもないって。でも、そう言っていたら、何も作れなくなっちゃうなって思ったんです。それから考え方がすごく変わりました。今では、これがなかったら、あ、これを使おうってすぐに考えられるようになりました。

## いつでもおいしい自慢のスープレシピ

**阿川**　夏になぜ冬瓜？って思うんだけど、冬瓜は体を冷やしてくれる食材なんですよね。

**志麻**　冬瓜料理はどんなものを？

**阿川**　香港で食べた冬瓜料理なんですけど。どかーんと大きな冬瓜の中にスープが入っていて、鶏肉とかいろいろな珍味も入っていて、冬瓜をこそげながらスープをいただくという。たしかそんな料理でした。

**志麻**　具だくさんのスープですね。

**阿川**　それまで冬瓜なんて食べたことがなかったから、こんな高級な上品な味がするんだって思いました。日本に帰ってきて、自分で冬瓜スープを作って、エッセイを書きました。

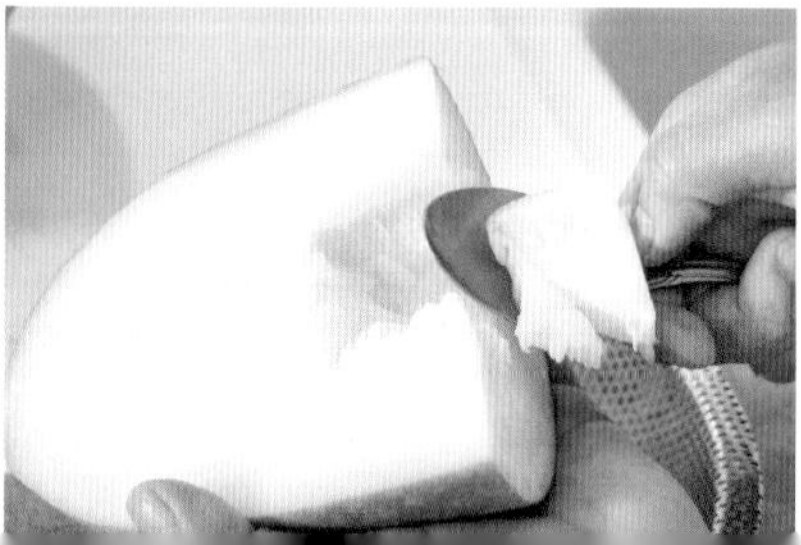

**志麻**　そうなんですね。

**阿川**　あまりにもおいしくて翌日も残しておいたら、これはスープじゃなくて炒め物だろうっていうくらい具だくさん（笑）。

**志麻**　冬瓜以外はどんな食材を？

**阿川**　何を入れたかな？　鶏肉とか豚肉とか、干ししいたけとかきのことかだと思います。スープはクリアで、鶏肉のガラで出汁をとったのかな。いつもその場限りなんで、あまり覚えてないんですけど（笑）。冬瓜のおいしい高級なスープをもう一度食べてみたいですね。本当にスープって奥が深いなって思うんですよ。おいしいスープって元気になるし。スープは極めたい。

**志麻**　ほかにはどんなスープを作りますか？

**阿川**　ときどき大きな鍋に鶏ガラのスープを大量に作りますね。今週は忙しくて料理を作る時間もないし、元気もないというときは、とりあえず深鍋に鶏ガラをぼんと入れて、くず野菜を加えて、最初は強火で、沸いてきたら弱火にしてことこと煮込むだけのスープ。あとはごはんを炊いてスープにのせたり。おかゆにしてもいいし。炒め物と合わせてもいいし。スープさえ作っておけば生きていけるっていうときは鶏ガラでスープを作りますね。志麻さんはどんなスープを？

**志麻**　私はポタージュ系の野菜のスープがすごい好きなんですよ。以前は野菜だけのポタージュスープって私のなかではちょっとマイナスなイメージだったんです。だけど、フランスで会う人、会う人、みんな、野菜だけのポタージュスープが大好きっていうんです。

**阿川**　野菜のポタージュスープ？

**志麻**　はい。野菜を炒めてコンソメと一緒に煮て、牛乳でのばしたようなスープ。フランスでは離乳食から野菜のスープを食べるんです。（夫の）ロマンのお母さんが作る野菜のスープもとってもおいしいんです。

**阿川**　ロマンさんのお母様のスープはどんなスープなんですか？

**志麻**　日本に来たときに作ってくれたのがズッキーニのスープなんですけど、油をいっさい使わないので、まずズッキーニを蒸し煮みたいにするんです。鍋にズッキーニを入れてふたをして、その水分だけで火を通すんですね。本当はちょっとお水を入れたほうがいいんですけど。それで、蒸し煮にしたズッキーニをミキサーに入れて回して、水とクリームチーズを加えてのばしていく。ふつうは牛乳とか生クリームでのばすことが多いんですけど、ズッキーニを油で炒めずに蒸し煮にしているからコクが少ないので、クリームチーズでのばしていたんですね。

**阿川**　なるほど、コクを出すためにクリームチーズか。私はミネストローネとかもすごく好き。いろんな野菜を入れてコンソメを加えるだけですけど。

**志麻**　日本のスープって、味噌汁でもコンソメ系でも、中華風のスープでも、野菜を茹でるじゃないですか。でも、フランスのスープって、ポタージュ系もコンソメ系もミネストローネも、まず野菜を炒めるんですよ。炒めることで、野菜の旨味とか甘味が出てくるので、スープの味がより濃く出るんです。

**阿川**　そうか、そうか。でも、私もミネストローネは炒めて作るな。

**志麻**　不思議なんですけど、日本では先に水に野菜を入れて火を通して、あとから味をつけるという作り方のほうが多いんです。

**阿川**　炒めたほうが絶対おいしいですよね。

教えて！志麻さん

Q

# 味見はいつするのがベスト？

A

料理を作るときに味見はとても大事なポイントなのですが、「味見のタイミングがわからない」という質問を受けることがよくあります。

基本的に味見をするのは、最後の仕上げのとき。途中、まだ味が決まらないうちに何度も味見をして調味料を足したりすると、どんどん味がわからなくなってしまうので、できるだけ味見の回数は減らしたいところです。

スープや煮込み料理はただ煮込んだだけだと味が薄いことが多いので、必ず最後に味をみて調えます。ソースの場合、煮つめて旨味がのってきてからのほうがよいので、これも味見は最後に。

それらとは違い、途中で味見をしたほうがよい場合もあります。たとえば、牛乳や生クリームなどの乳製品を入れる料理は要注意。乳製品を入れたあとに味見をしても、味が消されてわからなくなり、ついつい塩を入れすぎて味が濃くなることがあります。ベースとなる味を決めてから、乳製品を加えて仕上げると覚えておくと便利です。

# ガスパチョ

## 野菜たっぷりの濃厚スープ

**材料（2〜3人分）**

トマト（完熟）——3個
きゅうり——$\frac{1}{2}$本
玉ねぎ——$\frac{1}{4}$個
A にんにく——$\frac{1}{2}$かけ（すりおろし）
　酢（リンゴ酢）——大さじ1
　塩——3つまみ
トッピング
（きゅうり、セロリ、ピーマン、パクチーなど）——適量
オリーブオイル——小さじ$\frac{1}{2}$
こしょう——適宜

**作り方**

1 トマトの皮は熱湯にくぐらせて湯むきする。

2 トマト、きゅうり、玉ねぎを適当な大きさに切る。

3 2をミキサーにかけてなめらかにし、Aの調味料を加えて混ぜ合わせる。

4 冷蔵庫で冷やす。

5 盛る直前に味をみて、塩・こしょうで調える。

6 器に5を流し入れ、小さめに角切りしたトッピング用の野菜をのせる。

7 オリーブオイルをたらし、こしょうをふる。

Shima's point

トッピングの野菜はお好みで試してみてください。具だくさんにしたい場合、スープは少し濃いめに。

# 冬瓜スープ

暑い日にぴったりのやさしい味わい

**材料**（2人分）

冬瓜——200g
豚ひき肉——100g
卵白——1個分
水——600mℓ
くず野菜（にんじんの皮、セロリの葉、ねぎなど）——適量
コンソメキューブ——2個
塩——適宜
こしょう——適宜

**作り方**

1 **コンソメスープを作る。**

❶ボウルに豚ひき肉と卵白を入れて混ぜ、くず野菜を加えてよく混ぜ合わせる。❷鍋に①と水、コンソメを入れて強火にかける。❸肉などが表面に浮かび、周りがふつふつしてきたら、具材を寄せて真ん中を空け、弱火で20〜30分ほど煮る（沸騰するとスープが濁るので注意）。❹ひき肉とくず野菜を取り出し、ザルで漉してスープを別の鍋に移し、塩・こしょうで調える。

2

**冬瓜を下茹でする。**

❶冬瓜は厚めに皮をむき、種とワタを取り除き一口大に切る。❷鍋にたっぷりの湯を沸かし、冬瓜を入れ、7〜10分（やわらかくなるまで）茹でる。

3

スープに冬瓜を入れ、1〜2分温めて味をなじませる。

Shima's point

ひと手間かけたコンソメスープです。くず野菜はなんでもOKです。深みの増した味を試していただけたら。

# ビシソワーズ

じゃがいもと豆腐のクリーミーなスープ

**材料**（2人分）

じゃがいも（メークイン）
——3個（3㎝くらいの輪切り）
長ねぎ——1½本（薄切り）
バター——20g
水——適量
塩——ひとつまみ
絹豆腐——小1パック
コンソメキューブ——1個
オリーブオイル——適量
こしょう——適宜

Shima's point

一般的には牛乳を使うのですが、今回は豆腐で代用しました。口当たりをなめらかにしたい場合はザルで漉してください。最後に濃度を調整するときは、水・牛乳・豆乳などお好みのものでOKです。

**作り方**

1 鍋にバター、長ねぎを入れて塩ひとつまみをふり、弱火でじっくり炒める。
2 長ねぎがしんなりしてきたら、じゃがいもとひたひたの水を加えて強火にかける。
3 沸騰したらアクを取り、コンソメを加えて弱火で15分ほど煮る。
4 じゃがいもがやわらかくなったら、豆腐を加えてミキサーにかけ、なめらかにする。
5 冷蔵庫で冷やす。
6 器に移し入れる前に味をみて水などで濃度を調整し、仕上げにオリーブオイルをたらし、こしょうをふる。

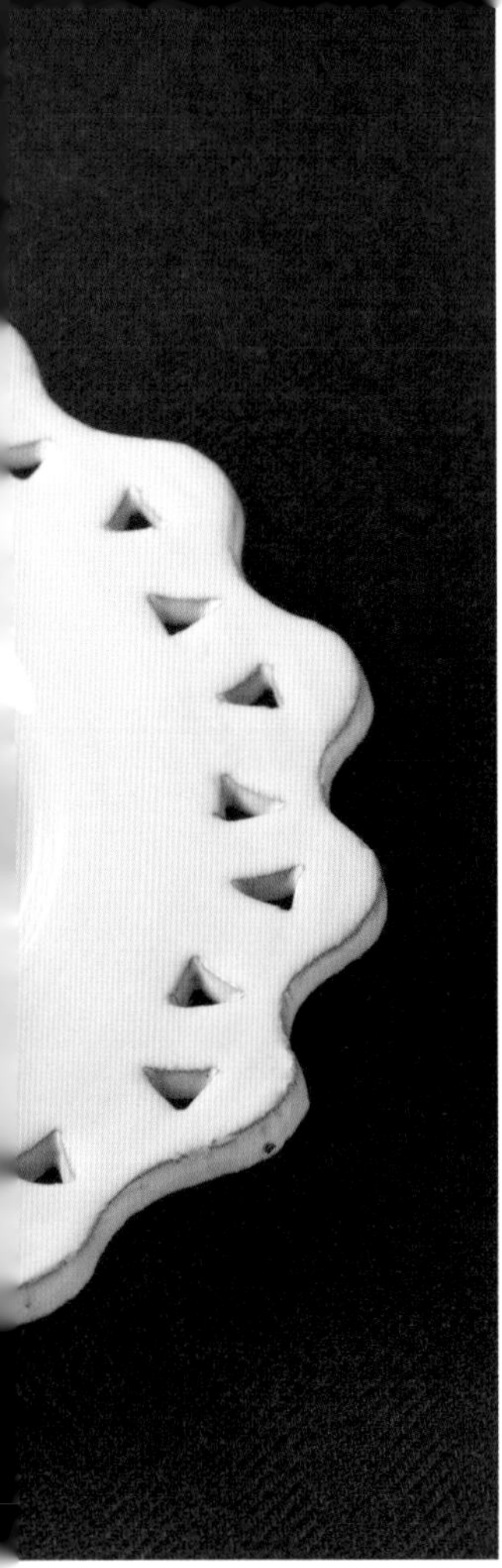

# 豚ヒレ肉ベーコン巻き いちじくキャラメリゼ添え

いちじくの甘さと豚肉が絶妙なハーモニー

**材料**（2～3人分）

豚ヒレ肉（1本）——350～450g
ベーコン——8枚
オリーブオイル——大さじ1
白ワイン——50mℓ
水——50mℓ
ローズマリー——1本（あれば）
塩——適量（豚ヒレ肉の0.8～1％の量）
こしょう——適宜

**【いちじくキャラメリゼ】**
いちじく——2個（半割り）
バター——20g
グラニュー糖——大さじ1

**作り方**

1 豚ヒレ肉にしっかりめに塩・こしょうをふり、ベーコンの幅くらいの厚さに切り分け、ベーコンで巻く。

2 フライパンにオリーブオイルをひいて中火にかけ、1のベーコンの巻き終わりから焼き始める。

3 ベーコン全体にしっかり焼き色がついたらいったん火を止め、白ワイン、水、ローズマリーを加えてふたをし、弱火で10分くらい蒸し焼きにする。

4
**いちじくキャラメリゼを作る。**
❶別のフライパンを中火にかけてバターを溶かす。❷グラニュー糖を加えて茶色っぽくなったら、いちじくの切り口を下にして置く。❸弱火で5分くらい動かさずに、いちじくに焼き色をつける。

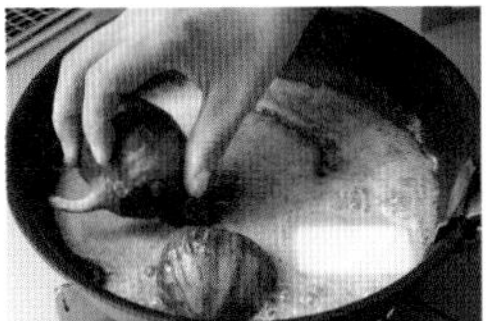

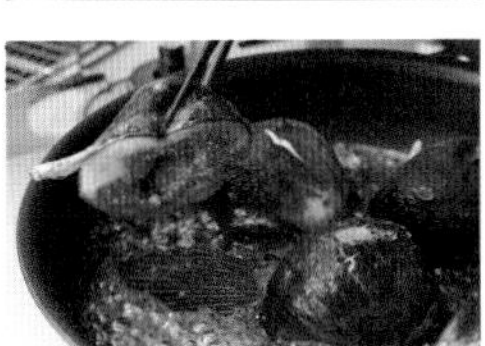

5
器に3の豚肉を盛り、4のいちじくを添える。

Shima's point
肉は外側を焼き固めて旨味をとじ込めます。いちじくの代わりにプラムのキャラメリゼを合わせてもおいしいです。

# きゅうりのヨーグルトサラダ

にんにくの風味がアクセントに

**材料**（2〜3人分）

きゅうり──2本（薄切り）

**【ヨーグルトソース】**

ヨーグルト──200g（水切り前）

にんにく──¼かけ（すりおろし）

レモン汁──¼個分

クミン──適量

塩──ふたつまみ

こしょう──適宜

**作り方**

1 **ヨーグルトソースを作る。**

❶ヨーグルトを水切りする。❷にんにく、レモン汁、クミン、塩・こしょうを加えて混ぜ合わせ、味をみて調える。

2 きゅうりをヨーグルトソースで和える。

Shima's point

にんにくとレモンの酸味を効かせたヨーグルトソースはさっぱりとした食べ心地です。ナスで同様に作ってもおいしいです。

# タコのガルシア風

スパイスを効かせたバルの定番

**材料（2〜3人分）**

じゃがいも——2〜3個
茹でタコ——100g
パプリカパウダー——適量
塩——適量（タコの0.8〜1％の量）
こしょう——適宜
オリーブオイル——大さじ2

**作り方**

1 じゃがいもはラップに包み、表裏3分ずつ電子レンジ（600W）で加熱する。

2 鍋に沸かした湯でタコを温め、じゃがいもは皮をむいて輪切りにする。

3 タコを乱切りにし、軽く塩・こしょうをふる（好みのスパイスを足してもOK）。

4 器にじゃがいも、タコを盛り、オリーブオイルを回しかけ、パプリカパウダーをふる。

Shima's point

タコはさっとお湯に入れるくらいで十分、加熱しないように。パプリカパウダーの代わりにチリパウダーでもOKです。

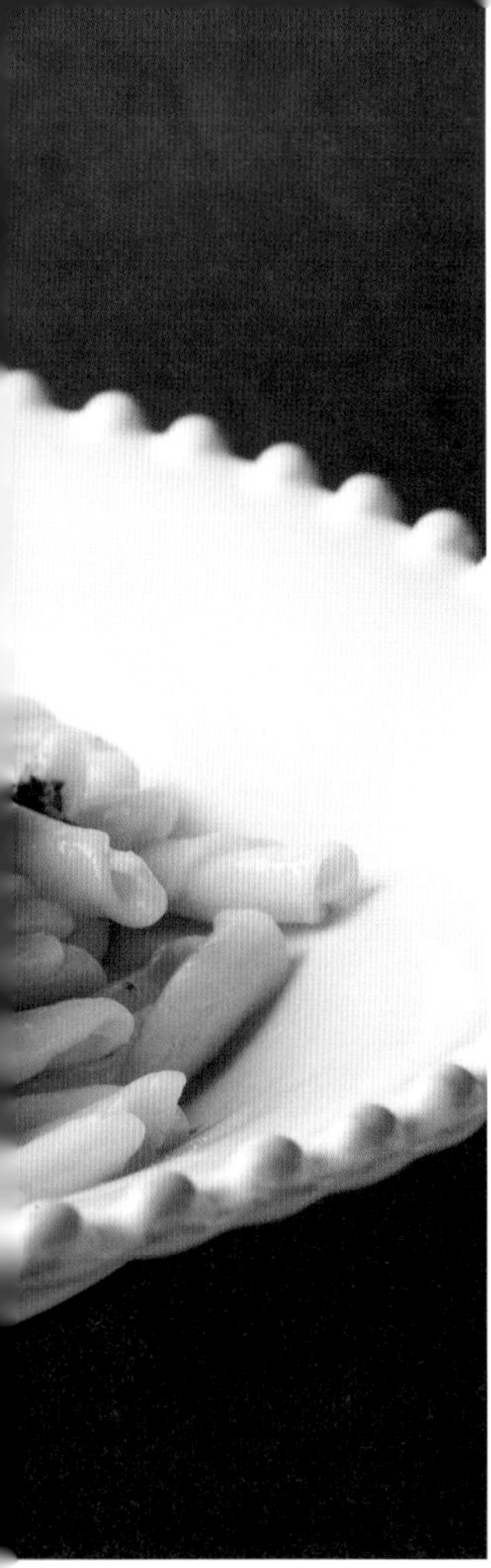

# タコのラグー

## タコの煮込みにしそ風味を加えて

**材料**（2～3人分）

茹でタコ――300g
玉ねぎ――½個（ざく切り）
にんにく――1かけ（みじん切り）
アンチョビ――2枚（みじん切り）
トマト水煮――1缶
水……100mℓ
白ワイン――50mℓ
コンソメキューブ――1個
オリーブオイル――大さじ1
タイム――適量
ローリエ――1枚

【しそソース】
しそ――5枚
にんにく――½かけ（すりおろし）
オリーブオイル――大さじ2
塩――適量
こしょう――適宜

**作り方**

1 タコを小さめに切り、ミキサーにかけてミンチのようにしたらアンチョビを加えて、さらに混ぜる。

2 鍋にオリーブオイルをひき、玉ねぎとにんにく、塩ひとつまみを入れ弱火でじっくり炒める。

3 玉ねぎがしんなりしたら1を加え、強火でタコがなじむまで軽く炒める。

4 トマト水煮と水、白ワイン、コンソメを加え、タイムとローリエを入れて強火で一度沸かした後、弱火にして20分くらい煮込む。

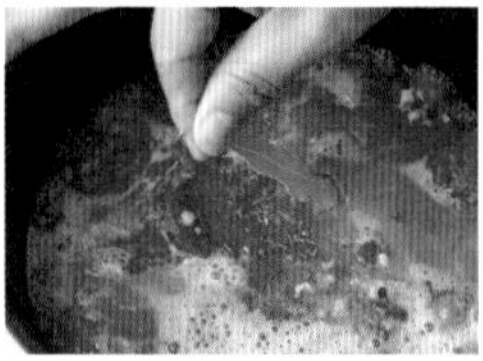

5 4の味を見て塩・こしょうで調える。

6 **しそソースを作る。**❶ボウルに細かく切ったしそを入れて、汁がじわっと出てくるまでスプーンなどでつぶす。❷にんにく、オリーブオイル、塩ひとつまみを加えて混ぜ合わせる。❸味をみて塩・こしょうで調える。

7 5のラグーに好みでしそソースをかける。

Shima's point

ラグーはパスタやパン、ごはんに合わせるのが定番ですが、ソースとして茹でた野菜に合わせてもおいしいです。

# ナスと鶏肉のカレー煮込み

## ココナッツミルクでまろやかな仕上がりに

**材料**（2人分）

鶏もも肉——2枚（一口大）
カレー粉——大さじ1
クミン——大さじ½
にんにく——1かけ（すりおろし）
しょうが——にんにくと同量（すりおろし）
ナス——小4本（乱切り）
玉ねぎ——½個（くし形切り）
パプリカ——1個（乱切り）
オリーブオイル——大さじ3
トマト水煮——1缶
ココナッツミルク——1缶
水——50㎖
コンソメキューブ——1個
タイム——少々
ローリエ——1枚
塩——適量（鶏もも肉の0.8〜1％の量）
こしょう——適宜

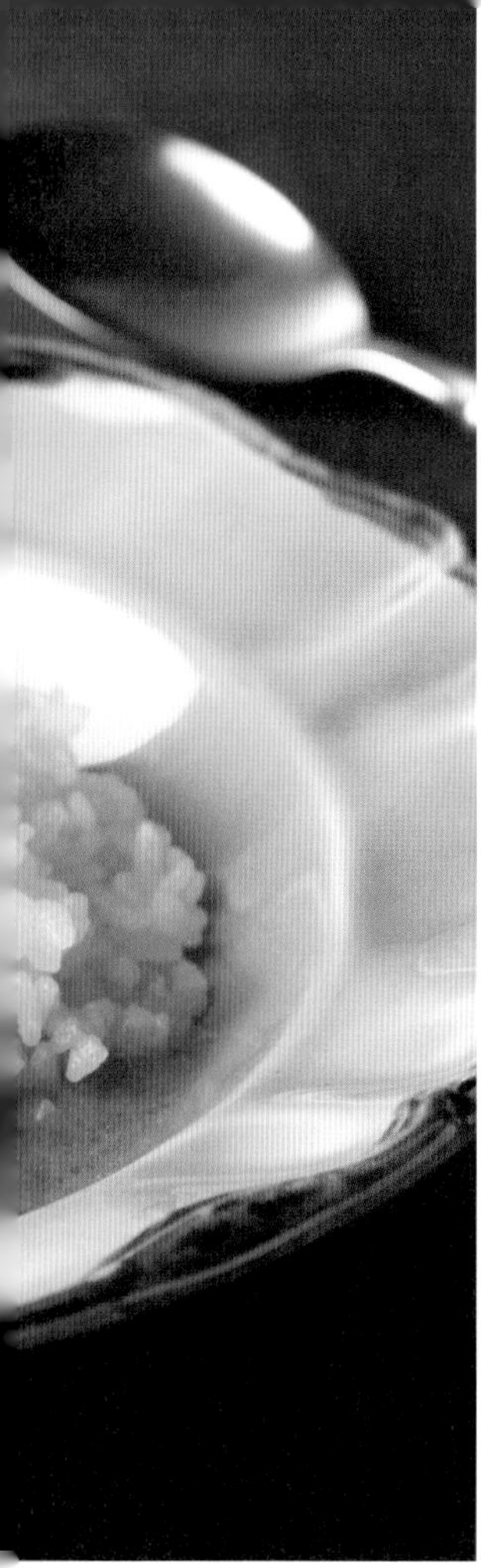

**作り方**

1 **鶏もも肉に下味をつける。**
❶鶏もも肉に塩・こしょうをふってもみ込む。❷カレー粉、クミンをまぶしてさらにもみ込む。❸にんにく、しょうがをまぶす。

2 鍋にオリーブオイルをひき、ナス、玉ねぎ、パプリカを入れて、弱火でしんなりするまで炒める。

3 1の鶏肉、トマト水煮、ココナッツミルク、水、コンソメ、タイム、ローリエを加えてひと煮立ちしたら、弱火にして20〜25分ほど煮込む。

4

味をみながら塩・こしょうで調える。

Shima's point

トマトはつぶしながら混ぜると酸味が飛びます。とろみをつけたい場合は、鶏肉にカレー粉をもみ込んだ後に小麦粉を。

# ナスファルシ

## ナスにたっぷりの具を詰めて

**材料**（6個分）

ナス――6個
豚ひき肉――300g
玉ねぎ――1/4個（粗みじん切り）
トマト――中1個（角切り）
にんにく――1かけ（すりおろし）
塩――適量（豚ひき肉の0.8〜1％の量）
こしょう――適宜
オリーブオイル――大さじ1
タイム――適量
ローリエ――1枚

**下準備**

オーブン予熱200℃

Shima's point

具にカレー粉などのスパイスやハーブを加えてもおいしいです。トマトはソース代わりになるので完熟のものを。

**作り方**

1 ボウルに豚ひき肉、塩・こしょうを入れ、粘りが出るくらいしっかりと練る。

2 にんにく、玉ねぎ、トマトを加え、混ぜ合わせる。

3 ナスに縦半分に切り込みを入れて開き、2の具を詰めて耐熱皿に並べる。

4 全体に塩（ふたつまみ）・こしょうをふり、オリーブオイルを回しかけ、タイムとローリエをのせる。

5 オーブン（200℃）で30分ほど焼く。

# フルーツのスープ

旬の果物で手軽に作る甘いスープ

**材料**（2〜4人分）

好みのフルーツ
- キーウィ——2個
- ブルーベリー——$\frac{1}{2}$パック
- オレンジ——1個
- パッションフルーツ——2個

水——400㎖
砂糖——50g
レモン汁——$\frac{1}{4}$個分
ミント——適宜

**作り方**

1 フルーツは皮をむいて、食べやすい大きさに切る。

2 鍋に水と砂糖を入れて火にかけ、沸騰したら火を止める。

3 2が冷めてからレモン汁を加える。

4 好みのフルーツと3を混ぜ合わせ、30分くらい冷蔵庫で冷やす。好みでミントを飾る。

Shima's point

シロップには好みのリキュールやバニラを加えてもおいしいです。フルーツや砂糖の量はお好みで調整してください。

# 秋のごちそう

きのこ、ぎんなん、栗、ぶどう。さまざまな
食材に恵まれる実りの季節に、旬を味わう。

# 阿川さんに聞きました

Q **秋の到来を感じさせる食べものは？**

A 栗、ナス、しいたけ、松茸、新米、かぼちゃ、さつまいも、さんま、ぎんなん、リンゴ、ぶどう、柿

Q **阿川家の秋の定番料理は？**

A 最近は、柿をジンにつけてサラダにする（チーズに合う？）

Q **志麻さんへリクエストしたいものは？**

A きのこ類の新しいメニュー、ぶどうを使ったメニューなど、なんでも！

# おいしくできたときの満足感、残り物を使いきる達成感。

**志麻**　秋を感じるお気に入りの食材はありますか？

**阿川**　私は柿、ぎんなん、栗がお店に並び始めると秋だなって感じがしますね。それから松茸とかきのこ類。最近はきのこの種類もたくさんありますね。

**志麻**　昔より増えましたね。

**阿川**　実は私、小さい頃からしいたけを中心とするきのこが嫌いだったんです。

**志麻**　私も同じです！　私もしいたけが食べられなくて。大人になってから克服しました。

**阿川**　匂いが強いのよね。昔はしいたけのバター炒めとか、干ししいたけを醤油と砂糖で甘辛く煮た料理をよく親が作っていて。小さい頃、外で遊んで家に帰ると、家中にしいたけの匂いが充満してるから、急いでドアをバタンと閉めて、そのまま外に出ていくなんてことがあったな。しいたけの匂いにがまんできず、息ができなくて。

**志麻**　わかります（笑）。

**阿川**　ちらし寿司なんかに入っていても、しいたけだけよけて食べてました。

**志麻**　どうやって食べられるように？

**阿川**　たぶん、しいたけの天ぷらぐらいからかな？　天ぷらって、だいたい子どもの好き嫌いを解消する最初の手立てじゃないかと思う。なんだって衣に包んで揚げれば、おいしくなるような気がするもん。

**志麻**　たしかに。

**阿川**　あんなに嫌いだったのに、今では干ししいたけでスープをとります。大人になったもんだなって思います。

**志麻**　今回、きのこ料理のリクエストをいただいて、かなり悩みました。阿川さんなら、たいていのきのこ料理はご存じなんじゃないかなって思って。

**阿川**　そんなに知りませんよ！

**志麻**　よく作るきのこ料理はなんですか？

**阿川**　マッシュルームのソテーかな。20代の頃、スペイン料理屋さんで教えてもらったんです。フライパンにオリーブオイルとにんにくのみじん切りを入れて火にかけて。マッシュルームをゴロンと丸ごと入れて、にんにくと絡めて炒めたら、塩・こしょうして、最後にブランデーをジャッと加えて、ぼっと火をつけて仕上げる。という料理がとってもおいしかったんです。家で作ってみたら父がえらく気に入って。「おい、あれを作れっ」てよく言われました。

**志麻**　おいしそう！

**阿川**　「マッシュルームはあれが一番うまい」って。まあ、にんにくが効いてるからね。

**志麻**　私はマッシュルームは生で食べるのが好きなんです。

**阿川**　昔は缶詰しかなかったですよね。ナポリタンに入ってるようなマッシュルーム。生で食べたときは衝撃でした。どうやって食べるのがお勧めですか？

**志麻**　私はスライスした生のマッシュルームのサラダをよく作ります。マスタード入りのフレンチドレッシングで、茹でたいんげんや玉ねぎのみじん切りを一緒に和えてもおいしいです。

**阿川**　マッシュルームはどのぐらいの厚さに切るんですか？

**志麻**　3ミリくらいかな。薄すぎず、厚すぎず。食感的にはサクサクする感じです。

**阿川**　なるほど。やってみます。そうそう、私のきのこの歴史、お話ししてもいい？

**志麻**　ぜひ！

**阿川**　私がレポーターの仕事でフランスの田舎に行ったときのことです。山にきのこを採りに行くことになって。そこに老夫妻がいたんだけど、私がカゴを持って「あった！」って採ろうとしたら、その老夫婦が私に「ノンノン」って言うのよね。それはダメだよ、って私に教えてくれてるのかな、彼らは毒きのこかどうか、見分けられるんだって思ってたの。そのあと、きのこ採りから戻って町に出かけたら、薬屋さんにすごく可愛いきのこのポスターが貼ってあるのを見つけて。けっこうあちこちで見かけるのよね。可愛いからほしいなって話したりして。そうしたら、なんのことない、そのポスターは一般人がきのこ採りをするにあたって、食べられるきのこなのか、毒きのこなのかということを解説した

生のマッシュルームサラダには、塩、酢、オリーブオイルを混ぜ合わせ、みじん切りの玉ねぎとパセリを加えたドレッシングをかけて。

ポスターだったの。要するにきのこ図鑑をポスターにしたものよね。それが、フランスだからすごくおしゃれで。持って帰ってうちに飾りたくなるくらい。

**志麻**　薬屋さんに貼ってあるというのも面白いですね。

**阿川**　そうなんです。あちこちの薬屋さんに貼ってあるから、来た人みんなが見るわけでしょ？　フランスにはそういうきのこ採りの文化があるんだなって驚きました。

**志麻**　きのこ採りは日常なんですよね。

**阿川**　それから何十年か経って、檀ふみさんとフランスを旅したときに、セップ茸やポルチーニとか、知らないきのこが市場にばーっと並んでいるのを見て驚いて。

**志麻**　種類がたくさんありますよね。

**阿川**　ジロールっていうきのこもおいしかった。日本では杏茸《あんずたけ》と呼ばれていて、黄色いちっちゃくてちょっとふわっとしたきのこ。それをフレンチレストランのシェフと一緒に林の中に採りにいって、すぐに調理してもらったんです。オイルでただ炒めただけなんだけど、とってもおいしかった。私が「にんにくを入れてみたら？」とか「レモンをちょっとかけて」とか言ったら、そんなことしちゃダメってシェフに怒られた。ジロールはジロールだけを楽しむんだって。

**志麻**　ジロールそのものを味わうってことですね。

**阿川**　それから、乾燥したアミガサダケみたいなきのこも食べました。

**志麻**　モリーユですか？

**阿川**　そう、モリーユ！　日本ではアミガサダケと呼ばれていて、これもまたたまらなくおいしくて。

**志麻**　最近は日本でも乾燥したモリーユが売

られてますよね。

**阿川**　セップ茸とジロールとモリーユは衝撃的な発見でしたね。というのが、私のフランスで体験したきのこのお話です。

**志麻**　きのこは旨味が強い食材なので、いろんな使い方があるんですよね。私は旨味のために料理に入れることもあります。

**阿川**　たとえばどんなものに？

**志麻**　味噌汁を作るときにきのこを入れたり。

**阿川**　生のきのこ？

**志麻**　はい、出汁をとるために入れます。ほかにはいろんな種類のきのこを細かく切って、水分を飛ばしながら煮つめて旨味を凝縮させて、クリームで仕上げたり。

**阿川**　聞いてるだけでおいしそう。

**志麻**　たとえば、今回作った豚肩ロースときのこのクリーム煮は、まずお肉を油で焼いて、そこにきのこと白ワインと水を入れてふたをして10分くらい蒸すんです。きのこは水分が多いので、ふたを取ると、汁がばーっと出てくるんですけど、それを煮つめていくと、きのこの旨味が凝縮されたソースに。肉がきのこの旨味を吸って、味のベースになってゆくんです。

**阿川**　ソースは生クリームだけ？　味つけは塩・こしょう？

**志麻**　あとはレモンを。煮込むと皮から苦味が出るので、最後に加えます。

**阿川**　志麻さんはどうしてそういうこと思いつくんですか？　志麻さんにはわりとなじみのある料理なの？

**志麻**　そうですね（笑）。秋はスーパーに行くといろんな種類のきのこがたくさん安く売ってるのでよく作ります。きのこは調理法でいろんな面をみせてくれるんですよね。

**阿川**　たとえば先ほど作っていたきのこを凝

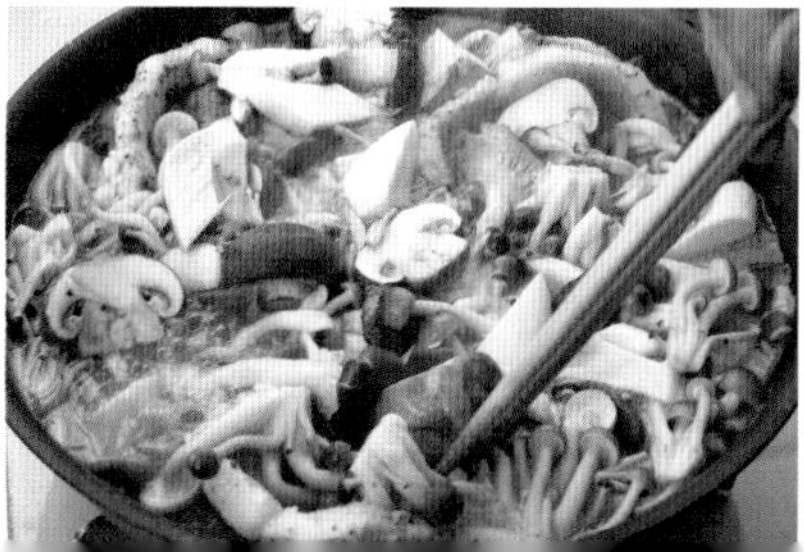

縮させた餡《あん》（100ページ参照）は、ほかの料理にも使えますか？

**志麻**　はい。のばしてスープにしたり、ソースにしたり。鶏肉の皮の間に詰めて焼いたり。じゃがいものピューレに混ぜたり、サラダに混ぜたり、ペーストみたいに使います。

**阿川**　なるほど。私、先日キエフ風カツレツという料理を作ったんです。

**志麻**　名前は聞いたことあるけど、どんなカツレツですか？

**阿川**　バターと玉ねぎを餡みたいにして、鶏肉の間に挟んで、パン粉をつけて揚げるんです。バターが外に溶け出しちゃうんじゃないかと心配で、揚げ時間をつい短くすると、鶏肉が生っぽくなってしまって。その塩梅《あんばい》がよくわからなくて。そうしたら案の定、生っぽくなっちゃった。しょうがないから電子レンジでもう一度加熱して、残ったバターのソースを上からかけて。最初からそうやればよかったんだけど(笑)。そのキエフ風カツレツに、きのこのソースを合わせたらおいしいんだろうなって思いました。

**志麻**　きっと合いますね。

**阿川**　うん、このきのこの餡は作っておくと便利ですね。

**志麻**　きのこが安い時期に、いろんなきのこでたくさん作って、冷凍して保存したり。

**阿川**　そうですね。でも冷凍したこと忘れて、あとでなんだっけって思うかも。私、よくあるのよね。カレーだっけ、シチューだっけみたいな、解凍しないとわからないっていう料理(笑)。

## 旬のフルーツを使って新たなレシピにチャレンジ

**志麻**　今回は秋の果物、ぶどうを贅沢に使ったメニューも考えてみました。

**阿川**　料理に果物を加えるっていう発想は、昔はあまりなかったですよね。衝撃的でした。

**志麻**　たしかに、和食だとあまりなじみないかもしれませんね。

**阿川**　今年の夏は桃を使った一品が我が家の新たなメニューに加わりました。桃をたくさんいただいたので、なんか作れないかなって思って見つけたのが桃とモッツァレラチーズのサラダ。一口大に切った桃と手で小さくちぎったモッツァレラチーズをボウルに入れて、そこにオリーブオイルをたらして、味つけは塩とこしょうだけなんだけど、思いのほかおいしくて。料理の中に果物の甘さがふっと入ってくると、ちょっとびっくりしますよね。

**志麻**　私はフルーツをわりと料理に使います。フランス料理だと調味料が塩だけなので、甘味や酸味の一つとして、素材に混ぜたり。

**阿川**　果物が料理の甘味や酸味になるのね。そういえば以前、アメリカに行ったとき、隣のテーブルでアメリカ人が「日本食は甘くてたえられない。何を食べても甘いのよね」って話しているのを聞きながら、そのときは「へーそうかな？」って思ったんです。帰国して知り合いの料理研究家にそのことを話したら、日本では料理に砂糖を使うからデザートは果物とかさっぱりした水菓子が多いのよって。西洋料理には砂糖はほとんど使わないから、砂糖たっぷりの甘いデザートでバランスをとってるんだって教えてくれたんです。なるほどねって納得したのを覚えてます。

**志麻**　たしかに西洋料理のレシピにはフルーツが入っているものがよくあります。今の季節だといちじくやぶどうですね。

**阿川**　ぶどうを料理に使うときは皮ごとでもいいんですか？

**志麻**　巨峰は皮がついたままだと渋みが出てしまうし、食べたときに皮が口に残っちゃうのでむいたほうがいいです。皮ごと食べられるマスカットのような品種は皮つきのままで大丈夫です。

**阿川**　よし、ぶどうを使った料理にチャレンジしてみるか！

## 失敗も楽しみながら作る喜び、食べる幸せ

**阿川**　志麻さんは料理の楽しみってどんなところだと思いますか？

**志麻**　私は料理を仕事にしているので。なんだろう……。悲しいときでもおいしいものを食べたら楽しくなるし、料理ってそういう力をもってると思うんですよね。だから、この仕事に携われてよかったなって思っています。

**阿川**　でも、好きなことが仕事になるとつらくないですか？

**志麻**　つらいこともいっぱいあるんですよ。でも、やっぱり作ってるときは楽しいし、お客さまの顔を見ていると楽しいし。だから、趣味と仕事が一緒になっちゃっているような感じなんですよね。それでも仕事にしてよかったなって思います。

**阿川**　だって仕事でさんざん料理を作って、家に帰ってからもまた作らなきゃいけないんでしょ？

**志麻**　仕事と家族に食べてもらいたい料理は違う感覚で作ってるのかもしれないですね。

**阿川**　仕事だと違うの？

**志麻**　やっぱり気を張ってるというか。おいしいものを作らなきゃとか、材料を無駄にしないで作らなきゃって思います。

**阿川**　写真用にきれいに作らなきゃとか。

**志麻**　はい。でも家に帰ると、気を抜いて作

ってるんですよね。家族の好みのものを作れるし、作りたくないときは無理して作らない。家と仕事では違う気持ちで作っているような気がします。阿川さんはどうですか？

**阿川**　私は仕事じゃないんで、なんだろうな。食べることが好きだという気持ちはもともとありました。私の父があまりに食べることが好きだったんで。食事がおいしくないと、「俺は損した。人生残りあと何回しか食べられないのに、その一回を無駄にした」って言って怒りはじめる父だったんですよね。だから、「毎回おいしいものを食べるというのはどうなんだ。ときどきおいしいものがあるからこそ、そのおいしさが喜びと感謝につながるんじゃないのか」なんて私は思ってたんです。でも、だんだん年を重ねてきたら、朝起きたとたんに「今日の夜は何食べよう」って思う自分がいて。まだベッドから出てないのに、冷蔵庫にあれとあれが残ってて、あれをそろそろ使わないとダメになっちゃうし、でも、久しぶりにあの料理を作ってみたいな、なんて考えちゃう。お芝居を観に行ったり、コンサートにも行ったりして、そのお芝居やコンサート自体も好きなんですけど、これが終わったら何食べようかなしか考えてないの(笑)。でも外食が続くのはつらい。胃がくたびれるというか、体の調子が悪くなる。明日はゆっくり好きなものを作って食べようって思ったり。

**志麻**　外食ばかりだとたしかに疲れますよね。

**阿川**　先日、だいぶ傷んできているピーマンを見つけたの。でも傷んでるところを取り除いて細く切ればまだいける。ただ炒めてきんぴら風にしてもいいけれど。そうだ、このあいだ、冷蔵庫で発見したかちんかちんの細切り昆布と梅干しがある。そのふたつを炒めたピーマンに合わせたらいいんじゃないって思

って、作ってみたらおいしかったの。「私って天才?」とか言って(笑)。私の場合そういうことが、料理を作る喜びですかね。

**志麻**　そうなんですね。阿川さんは作ることを本当に楽しんでいらっしゃいますよね。

**阿川**　今は誰かを招いて料理でおもてなしするっていう機会がほとんどないですから、失敗してもいいんです。毎日が実験みたい。志麻さんは家政婦のお仕事では、ご家庭の冷蔵庫にあるものを使って、1時間で何品作るみたいなことを毎日やっていたんですよね。

**志麻**　はい、それで鍛えられた気がします。やってみて、こうやって自由に作るほうが料理って楽しいし、発見もいっぱいあると思いました。私はレシピを作っていていつも思うのは、作り方の骨格だけを伝えて、あとは読者の方が好きなように作れるようになるのが一番いいレシピなんじゃないかなって。でも、それを形にするのがなかなか難しい。

**阿川**　私は「アガワの料理は本にならない」って言われてるの(笑)。

**志麻**　自由すぎて?　でも、楽しいって思うことが一番大切だと思います。私自身もおいしいものばかり作ってるかっていったらそんなことなくて、失敗もするし。

**阿川**　ほんとに?

**志麻**　子どもから「これおいしくないよ」って言われたり(笑)。でも、だからこそ、うまくいったときが楽しいんじゃないかなって。

**阿川**　そうですね。私は料理本とかテレビの料理番組をみて、「あーなるほどねー」って思うんだけど、メモする気はぜんぜんなくて。なんとなく、頭においておくだけ。この前もある方からプチトマトをお酒に漬けたものをいただいたんだけど、すごくおいしくて。何に漬けているかを教えてもらったの。うちにプチトマトはなかったけど、冷蔵庫にふつうのトマトがあったなって思って、それを半分に切ってみて。本当は紹興酒に漬けるんだけど、うちの中を見渡したら、ふるーい瓶にカビがはえてそうな白酒《バイジュウ》っていう中国のお酒を見つけて。よし、これでいいやって、パタパタって入れて。これだけじゃなんか物足りないと思ってちょっと醤油を加えて、しょうがとにんにくを入れてしばらく漬けておいたら、「あら、おいしいじゃない」って(笑)。

**志麻**　発見ですね!

**阿川**　本当に言うこと聞かないでしょ、私。いい加減に、あるものでどうやって似たようなものができるかって。

**志麻**　それにしても阿川さんのお料理のレパートリーはとっても幅広いですよね。どこかで習ったりしたんですか?

**阿川**　娘時代に料理教室に通っていたことは二度ほどあって。そのなかで覚えた料理を今でも作ることはありますね。ときどき外で食べておいしいって思ったら、どうやって作るのかなって聞いたりして、簡単そうだと作ってみますね。難しそうだとやらない(笑)。

**志麻**　そうなんですね。

**阿川**　もちろん、料理本を見たり……。そうそう、このあいだトマトをいっぱいいただいて。最初はサラダに入れたりしたけどなかなか食べきれなくて、志麻さんの本で見たプロヴァンス風焼きトマトを作りました。それで、トマトを渡しながら一緒に志麻さんのレシピを友達5人ぐらいに教えたの。「立派な一品になるから、ぜひ作ってみて!」って。

**志麻**　ほんとですか?　うれしいです。

**阿川**　みなさん喜んでくれましたよ。

トマト半分に塩をふり、パン粉、おろしニンニク、パセリのみじん切り、オリーブオイルを混ぜ合わせ、トマトにのせてオーブンで焼くと、おいしい。

教えて！志麻さん

## Q 献立力をアップさせるには？

A

私が献立を考えるときは、メインの食材を何にするかと同時に、どの調理法にするかを考えます。蒸し煮・蒸し焼きにする、グリルで焼く、オイル煮にする、オーブンで焼く、ソテー・ポワレにする、マリネ・カルパッチョにする、煮込む。大きく分類すると7パターンです。

同じ食材でも調理法を変えればメニューは無限。基本はどれも簡単ですが、それぞれの調理法の特徴を押さえておくと、おいしさがぐっとアップします。たとえば、蒸し煮や蒸し焼きでは、ふたをして少ない水分でじっくり加熱して旨味を凝縮させます。煮込みの場合は、ていねいにアクを取った後に味をつけること。フランスではコンフィと呼ぶオイル煮は、下味をつけた食材を低温の油でゆっくり火を通していく調理法ですが、肉などもやわらかく仕上がります。ソテーやポワレは、フライパンで食材を動かさずにじっくりと焼き色をつけることで旨味が凝縮されます。

栄養価も高く、安くておいしい旬の食材を使って、季節の味をさまざまな調理法で楽しんでみませんか？

# シーフードのセビーチェ

## 魚介と果物を合わせたシンプルなマリネ

**材料**（2〜3人分）

シャインマスカット —— 5〜6粒（半分に切る）
ホタテ（生食用）—— 150g（1/4に切る）
白身魚（刺身用の鯛など）—— 100〜120g
レモン汁 —— 1/2〜1個分
紫玉ねぎ —— 少々（薄切り）　塩 —— 適量（魚貝の0.8〜1%の量）
パクチー —— 適量　こしょう —— 適宜

**作り方**

1 ホタテ、白身魚は表面の水分をしっかりふき取る。
2 食べやすく切った1をボウルに入れ、レモン汁、塩を入れてしばらく置く。
3 2の汁が白っぽくなったら、シャインマスカット、紫玉ねぎ、パクチーを混ぜ合わせる。
4 味をみて、塩・こしょうで調える。

Shima's point

セビーチェはレモンやライム、酢などで一度魚介をぎゅっと締めてから、野菜を和える料理です。タコやエビも合います。

# きのこのタルト

## きのこの旨味をぎゅっと詰め込んだ極上パイ

**材料**（18㎝タルト型1個分）

パイシート（冷凍）──2枚
きのこ（種類や分量は目安）
　マッシュルーム、しいたけ
　　──各½パック（厚切り）
　ヤマブシダケ──1パック（小分け）
　舞茸──½パック（小分け）
オリーブオイル──大さじ2
にんにく──1かけ（みじん切り）
塩──適量（ふたつまみ）
こしょう──適宜
卵──1個
牛乳──80〜100㎖
生クリーム──100㎖
粉チーズ──大さじ1

**下準備**

オーブン予熱200℃

**作り方**

1 フライパンにオリーブオイルをひき、きのこ類を入れて、強火で軽く焼き色がつくぐらいにさっと炒める。

2 にんにく、塩・こしょうを加えてさっと炒め、しっかり味がついたか確認してからバットなどに取り出して粗熱を取る。

3 ボウルに卵を割り入れ、牛乳、生クリーム、塩・こしょうを加えて混ぜ合わせる。

**4**
タルト型に合わせてパイシートをしきつめる。

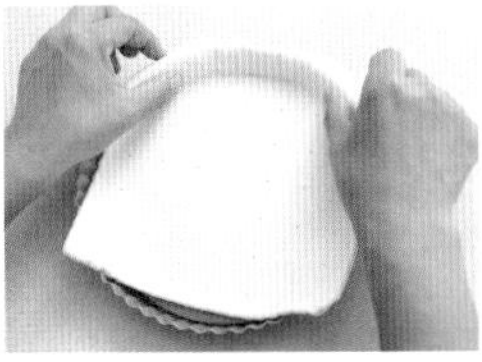

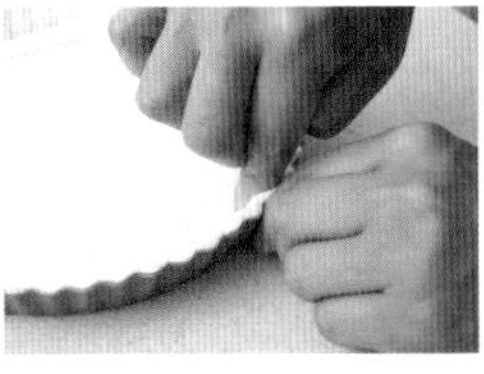

**5**
2のきのこを並べて3の卵液を流し入れる。

**6**
粉チーズをかけて、オーブン（200℃）で40～50分くらい焼く。

**Shima's point**

きのこにしっかり塩味をつけ、卵はやさしい甘味のまま組み合わせます。

# 豚肩ロースときのこのクリーム煮

## 素材の旨味がクリームと絶妙に絡み合う

**材料**（2〜3人分）

豚肩ロース肉——3枚
きのこ（種類や分量は目安）
　マッシュルーム——½パック
　しめじ——1パック
　平茸——50〜60g
　エリンギ——2〜3本
玉ねぎ——½個（粗みじん切り）
白ワイン——100mℓ
水——100mℓ
レモン——½個（輪切り）
生クリーム——100mℓ
タイム——適宜
オリーブオイル——大さじ1
塩——適量（豚肉の0.8〜1％の量）
こしょう——適宜

**作り方**

1 きのこ類は食べやすい大きさに切る。

2 豚肉は表面の水分をふき取り、塩・こしょうをふる。

3 フライパンにオリーブオイルをひき、豚肉を中火で両面焼いたら、取り出して休ませておく。

4 3のフライパンで玉ねぎを透き通るまで炒め、豚肉を戻し入れる。

5
きのこ、白ワイン、水を加えて強火にかけ、水分が沸いてきたらふたをして、弱火で10分くらい蒸す。

6
ふたを取り、きのこから出てきた水分を煮つめる。

7
水分が煮つまってきたら、レモンをのせて生クリームを回しかけ、タイムを加えてひと煮立ちさせる。

8
味をみながら、塩・こしょうで調える。

Shima's point

豚肉は小さく切ると断面から肉汁が流れ出てしまうので、切らずに焼いたほうがおいしいです。

# きのこのラビオリ

## きのこの餡を詰めてバター風味の仕上がりに

**材料**（12個分）

きのこ（種類や分量は目安）
- しいたけ――4～6個
- マッシュルーム――4～6個
- 舞茸――½パック

塩――ひとつまみ
シュレッドチーズ――60g
パセリ――大さじ1（みじん切り）
餃子の皮――12枚
バター――20g
塩水（塩1％）――適量
ローズマリー――1～2本
こしょう――適宜

**作り方**

1 **具を作る。**

❶きのこ類は粗みじん切りにして、ブレンダーなどでペースト状にする。❷フライパンを弱火にかけ、①のペーストを入れ、塩ひとつまみを加えて水分を飛ばす。❸水分が飛びきったら、取り出して粗熱を取り、シュレッドチーズ、パセリを加えて混ぜ合わせ、塩・こしょうで味を調える。

**2** 具を12等分に分けて餃子の皮にのせ、皮のふちに水をつけ、空気が入らないよう半分に折ってとじる。

**3** 鍋に塩水を入れて沸かし、**2**を弱火〜中火で2、3分（浮き上がるまで）茹でて取り出す。

**4** 茹で汁を鍋に少し（目安100㎖）残して捨て、バターを加え混ぜ、あればローズマリーを入れてひと煮立ちさせる。

**5** **3**に絡め、こしょうをふる。

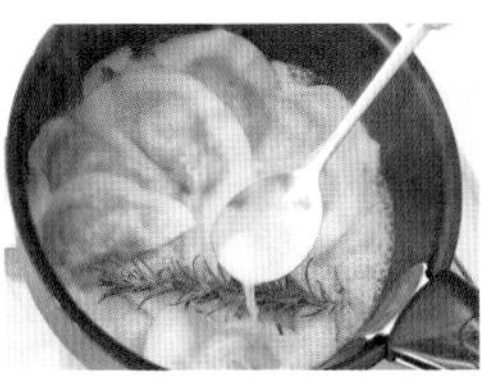

Shima's point

きのこのペーストは味をしっかりめにつけておきます。多めに作っておいて、ソースやスープに利用しても。

# えのきのスパイシーフライ

新食感やみつきおつまみ

**材料**（2〜3人分）

えのき──1株
片栗粉──大さじ3
カレー粉──大さじ½
チリパウダー──大さじ½
オリーブオイル──適量
塩──適量（ふたつまみ）
こしょう──適宜

**作り方**

1 えのきは石づきを切り落とし、食べやすい大きさに分ける。

2 ボウルで片栗粉、カレー粉、チリパウダーを加えて混ぜ合わせ、スパイスパウダーを作る。

3 えのきに2のパウダーをしっかりとつける。

4 フライパンにオリーブオイルをひいて中火にかけ、えのきを広げながらカリッと焼き、塩・こしょうをまぶす。

Shima's point

スパイシーパウダーは片栗粉の代わりに小麦粉でも作れますが、片栗粉を使うとサクサクとした仕上がりになります。

# きのこのソテー

## にんにくとバターを効かせた肉厚きのこ

**材料**（2～3人分）

しいたけ（肉厚のもの）――6個
ジャンボマッシュルーム――4個
バター――10～20g
パセリ――大さじ2（みじん切り）
にんにく――1かけ（みじん切り）
オリーブオイル――大さじ4
塩――適量（ふたつまみ）
こしょう――適宜

**作り方**

1 しいたけ、ジャンボマッシュルームは半分に切る。

2 フライパンにオリーブオイル（大さじ2）をひき、しいたけとジャンボマッシュルームの断面を下にして並べ、残りのオイルをかけながら中火で焼く。

3 断面に焼き色がついたら裏返し、少し火を弱めてさらに焼く。

4 塩・こしょうをふり、バターを加えて水分を飛ばしながら炒め、パセリとにんにくを加えて全体に絡める。

Shima's point

きのこは切った断面を下にして焼き始めるのがポイント。最後に入れたにんにくは焦げないように香りが出てくるまで炒めて。

# さつまいものフリット

## ハーブが香る大人のフライドポテト

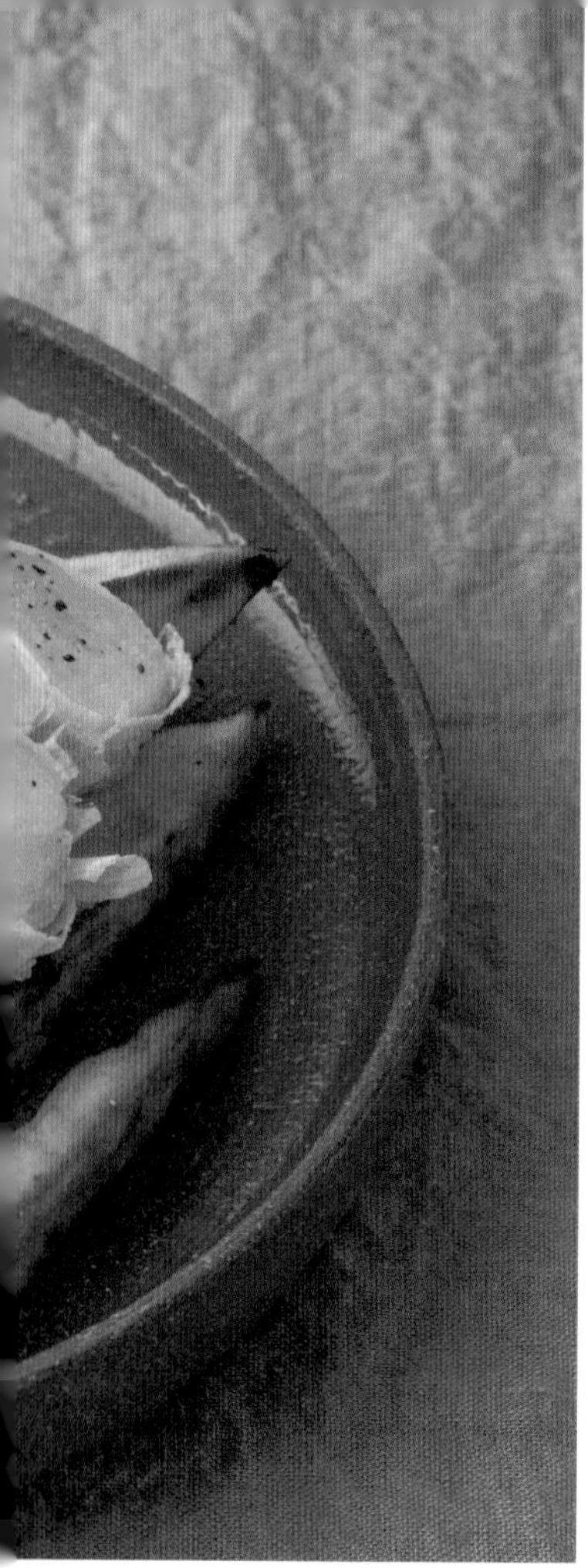

**材料**（2〜3人分）

さつまいも——2本
にんにく——½個
ローリエ——1枚
タイム——適量
ローズマリー——1本
オリーブオイル——適量
塩——適量（ふたつまみ）
こしょう——適宜

**作り方**

1 さつまいもを1.5㎝幅の棒状に切り、さっと水にさらし、水気をしっかりふき取り、フライパンに並べる。

2 さつまいもがかぶるくらいのオリーブオイルを入れ、にんにくは半割りにして皮つきのままオイルに浸し、弱火でじっくり火を通す。

3 にんにくがきつね色になったら取り出し、ローリエ、タイム、ローズマリーを加える。

4 強火にしてさつまいもに焼き色をつけ、取り出して、熱いうちに油を切る。

5 仕上げに塩・こしょうをふる。

Shima's point

にんにくやハーブを加えて揚げることで、さつまいもに風味がつきます。にんにくも一緒に食べてみてください。

# 手羽元とぶどうの赤ワイン煮込み

ぶどうの甘味と酸味で奥深い大人の味

特別な日には時間と手間をかけて
贅沢なひと皿をゆっくりと

**材料**（3〜4人分）

手羽元——12本
塩——適量（肉の0.8〜1％の量）
こしょう——適宜
小麦粉——大さじ2
オリーブオイル——大さじ1
赤ワイン——500㎖
水——適量
コンソメキューブ——1個
ローリエ——1枚
種なしぶどう——1房（皮をむく）
はちみつ——小さじ1

**作り方**

1

手羽元はキッチンペーパーで表面の水分をふき取り、塩・こしょうをしっかりめにふり、小麦粉をまぶす。

2

フライパンにオリーブオイルをひき、手羽元の皮目を下にして並べ、中火にかける。

3

手羽元の表面が全体的にきつね色になるまで焼き、別の鍋に移す。

4

フライパンにこびりついた旨味を残し、余分な焼き油を取る。

5

再びフライパンを中火にかけ、赤ワインを加えて木べらで旨味をこそげ落とす。

6

手羽元を入れた鍋に、旨味が加わった5の赤ワインを注ぎ入れる。

7

手羽元がかぶるくらい水を足して沸かし、アクが出たらていねいに取る。

8

コンソメ、ローリエを加え、ふたをして、ポコポコ沸くぐらいの弱火で1時間ほど煮込む。

9

ふたを取り、ぶどうの実と汁を加え、強火で汁が1/3強の量になるまで煮つめる。

10

好みではちみつを加え、甘味を調整し、味をみて塩・こしょうで調える。

Shima's point

肉をやわらかく仕上げたいときや、時間に余裕があるときは、赤ワインに一晩漬けるとおいしさがアップします。ぶどうを入れずに作る場合は、甘味をはちみつの量で調節を。

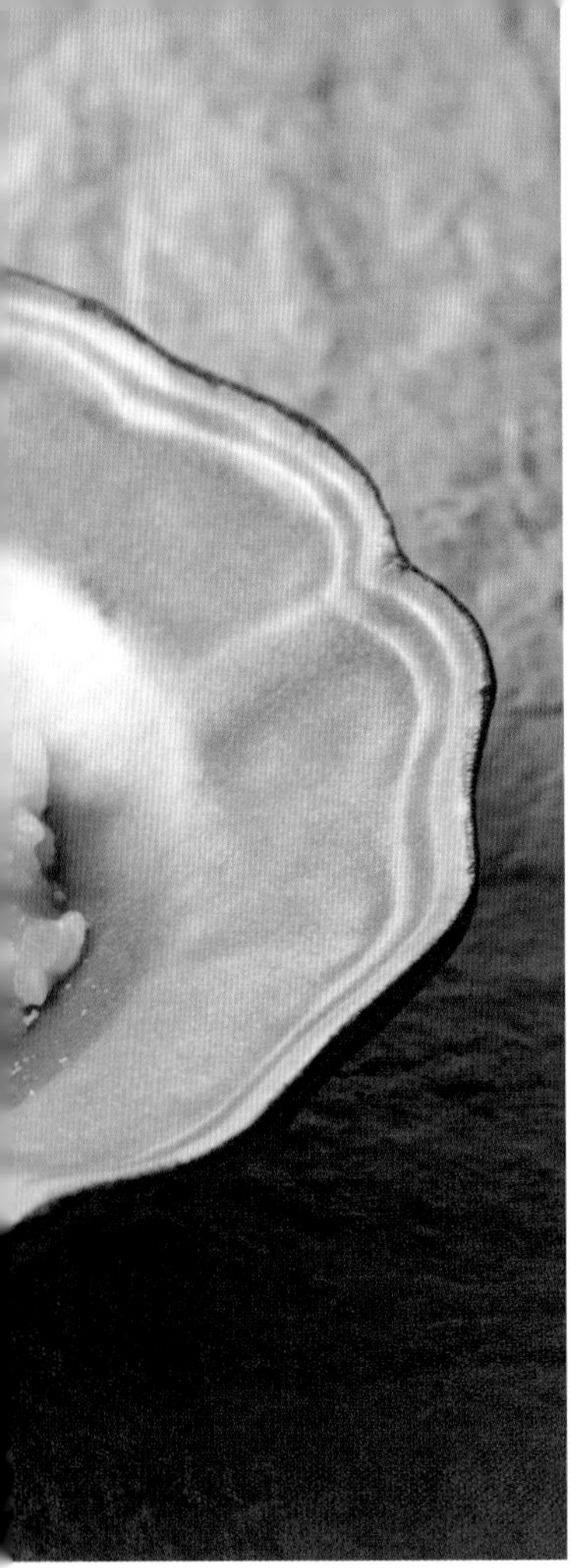

# 栗のリゾット

## ほっこり栗の甘味が広がる洋風ごはん

**材料（2〜3人分）**

栗（生または冷凍）——20粒（目安）
コンソメキューブ——2個
水——800〜1000㎖
玉ねぎ——½個（みじん切り）
米——1合
オリーブオイル——大さじ1
バター——10g
粉チーズ——大さじ2
塩——適宜
こしょう——適宜

**作り方**

1 鍋に水を入れて火にかけ、沸いたらコンソメと栗を加えて、火が通るまで10分くらい煮る。

2 フライパンにオリーブオイルをひき、玉ねぎが透き通るくらいまで弱火でじっくり炒める。

3 2に米を加えて中火でさっと炒める。

4 3に1のコンソメスープをお玉で5杯分（約250㎖）を加え、ポコポコするくらいの中火で煮る（米がくっつかないようにたまに混ぜながら、12〜13分ほど火にかける）。

5
コンソメスープをお玉2杯（約100㎖）ずつくらいスープを加えながら、さらに煮る。

6
米に火が通ったらバター、粉チーズを加えて軽く混ぜ、味をみながら塩・こしょうで調える。

7
器に盛り付け、1の栗を飾る。

Shima's point

スープの量は火加減によって変わるので、分量は目安です。スープを加えたら、なるべくさわらず米に火を通すように。

Sawako's
SPECIAL

# 季節のフルーツとモッツアレラチーズのサラダはいかが？

具材は食べやすい大きさに。りんごとシャインマスカットはしばらくジンに漬けておく。「なんともいえないよい香りがつきます」

ドレッシングはオリーブオイルをベースに、酢、レモン、塩・こしょうを加えて味をみながら調整する。「目分量で好みの味に！」

秋の味覚を前に、今回は阿川佐和子さんにも手料理をリクエストしました。

「ふだんは柿を使うんですよ。りんごでもいけますかね？」と志麻さんに同意を求めつつ、りんごをジンに漬ける阿川さん。

「プロの前で緊張するなー。以前、ビストロで食べた柿とモッツアレラチーズのサラダのアレンジなんですけど、この組み合わせは初めて！料理は実験ですからね。大丈夫？」などとおしゃべりしつつ、あっという間に一品が出来上がりました。「口の中でふわっと香りが広がります。前菜にぴったり」と志麻さんも太鼓判。

ちょうどよい食材がキッチンにあったら、ぜひ、お試しください！お勧めです。

ジンにつけたりんご、シャインマスカットに、モッツアレラチーズ、マッシュルーム、紫玉ねぎ、春菊、ロースハムを加えて混ぜ合わせ、オリーブオイルベースのドレッシング（右ページ参照）で和え、ピンクペッパーをちらしました。

Shima's SPECIAL

# エスカルゴバターで簡単フレンチ！

エスカルゴバターは、フランス・ブルゴーニュ地方のエスカルゴ料理に使われる、にんにくとパセリを練り込んだ香りの良いバターです。棒状にしてラップに包んで冷凍すれば保存もできるので、急な来客のおもてなしにも便利。野菜と合わせたり、ステーキや魚のソテーにのせたり、いろいろなアレンジを楽しんでみてください。

常温に戻したバターに、すりおろしたにんにく、みじん切りにしたパセリ、塩・こしょうを加え、パセリの汁が出るようにスプーンで押さえつけながらバターに練り込みます。

なめらかに混ざり合ったら完成！

**材料**（目安）

バター――50g

にんにく――1かけ（約5g）

パセリ――10g

塩――ひとつまみ

こしょう――適宜

タコやエリンギにエスカルゴバターを合わせて炒めてもおいしいです。

しいたけの軸を取り、かさの内側にエスカルゴバターを詰めて、トースターで焼くだけ！

# 冬のごちそう

温かいスープや鍋料理。寒い冬にぴったりの
心も体もあたたまる冬のおもてなし料理。

# 阿川さんに聞きました

Q 冬の楽しみは何ですか？

A ポトフ、おでん、牡蠣料理、大根、ジビエ、白菜、ぶり

Q 冬に一番多く作るメニューは何ですか？

A 鍋物（豚しゃぶ、牛しゃぶ）

Q 志麻さんへリクエストしたいものは？

A シュークルート、ブッシュ・ド・ノエル、白いんげん豆の料理（カスレ？）

Q （秋のきのこのように）冬の食材で苦手だったものはありますか。

A ない

## 手間をかけずに時間をかける
## シンプルだけど贅沢な味

**阿川**　冬になったら、志麻さんにぜひポトフを作っていただきたいって思っていたんです。

**志麻**　私もポトフは好きでよく作ります。

**阿川**　昔、仕事でフランスに行ったときに、ぶどう農家のまかないのお昼ごはんでいただいたポトフがとってもおいしかったんです。その味が忘れられなくて。3週間くらいフランスのあちこちを取材して、レストランでフランス料理のコースを何度も食べましたが、全行程のなかで一番心に残ったのがぶどう農家のポトフでした。あのときの味をイメージしながら自分でも作ってみるんですけど、なかなか同じ味を再現することはできなくて。ポロねぎとか日本にはない野菜も入っていたし、やっぱり野菜が違うからなのかなと思ったり。

**志麻**　フランスは野菜の味が濃いですよね。日本では野菜はみずみずしいほうがおいしいって言われていますけど、フランスの野菜はもっと締まっているというのか、味がぎゅっと凝縮している感じがします。

**阿川**　なるほど。お肉は？

**志麻**　今回作ったポトフは鶏肉でしたが、基本的には牛肉が多いですね。日本で煮込み用のかたまり肉といえばスネ肉やもも肉ですけど、フランスだといろいろな部位が売っているので、もっと種類が選べるんです。

**阿川**　そういうことか。野菜は切らずに丸ごと入れるんですか？

**志麻**　はい。大きいまま煮込んだほうがやわらかくなります。玉ねぎは丸ごと、キャベツは芯をつけたままのほうが煮崩れしないんです。切るのは食べるときで。

**阿川**　そうなのね。野菜を切らずに丸ごと使えば、手間もかからないし作り方も簡単ね。

**志麻**　大きな鍋で3〜4時間かけてことこと煮込んで作るとおいしいですよ。

**阿川**　ぶどう農家でも人数が多いから大量に作ってくださってました。

**志麻**　煮込むだけのシンプルな料理ですけど、実は贅沢な味だなって思います。日常の食卓で何時間も煮込む料理というのは難しいかもしれませんが、時間があるときにはぜひ試していただきたいです。

**阿川**　手間はかけずに時間をかける、ね。

**志麻**　フランスの家庭では、ポトフが出てくると最初にスープをいただくんです。そのあとに、お皿に野菜とお肉を取り分けて、フォークとナイフで食べるっていうスタイルが多いです。マスタードと塩とこしょうがテーブルの上にあって、自分でつけながら。

**阿川**　味つけは自分の好みで調整するという考え方がいいですね。

**志麻**　そうですね。家にあるもので自由に！

**阿川**　そういえば、先日、冷凍庫を整理していたら、大きな魚の干物を発見したんです。ずいぶん前にいただいたものでカチンコチンになっちゃってて、なんの魚かわからない。これをただ焼いて食べてもおいしくないなってしばらく考えて、「そうだ、アクアパッツァにしよう！」って思いついたんです。早速、近くのスーパーであさりとピーマン、キャベツ、トマトなどを買ってきまして。まず干物を焼いて、にんにくと野菜を入れて、安い白

ワインをドバドバドバって入れて、あさりも入れて、ことこと煮込みました。そして「できた！」と食べてみたのですが……。

**志麻**　いかがでしたか？

**阿川**　まず骨が多かった。鱗は最初に取ったんですけど、骨はそのまま焼いたから、イライラするほど骨が多い。それに干物独特の発酵的な味が残っていて、アクアパッツァとしては失敗でした。その夜、それを鍋に残したまま布団に入ったのだけど、どうしたものかとずっと考えて。

**志麻**　どうやったらアクアパッツァをおいしくよみがえらせることができるか、ですね。

**阿川**　翌朝、起きてキッチンに立ち、とりあえず鍋からあさりと野菜を別の鍋に取りわけ、魚の身と骨は潔くあきらめて、スープだけ漉しました。その魚のスープにトマトと白ワインを足して、味をみながら調整したら、まあ、スープ・ド・ポワソンに生まれ変わりました！　なんとかなるもんですね(笑)。

**志麻**　なんとかしちゃう阿川さんがすごいです。オリジナルレシピですね。

**阿川**　志麻さんは思っていたのとなんか味が違うなって思ったときはどうしますか？

**志麻**　そうですね。まず足らない要素を足しますね。自分でわからないなりにも、自分の頭で何を足したらおいしくなるんだろうと考えて、手を動かしてみる感じです。

**阿川**　なるほど。わからないだけで終わらず、わからないなりに自分で判断してみると。

**志麻**　はい。失敗したとしても、あっ、これは塩じゃなかったなとか、酸味じゃなかったなとか。阿川さんがアクアパッツァをスープ・ド・ポワソンにしたように、自分で考えて試してみると面白いし、身につきますよね。あとは、味が濃くなりすぎたら、グラタンにしてバランスをとるとか、パスタと一緒に食べるとか、どんぶりにするとか。

**阿川**　なるほど、そういう考え方ね。

**志麻**　失敗しても、新たな発見になることも多いので。

**阿川**　ポトフのほかに、フランスの煮込み料理で、おいしく作りたいって思っているメニューがあるんです。

**志麻**　なんですか？

**阿川**　豆とお肉のスープです。以前、食べたことがあるのですが、豆と何のお肉が合うのかわからなくてお肉屋さんに聞いたら豚のスネ肉を勧められたんです。それで豆と一緒にことこと煮たら、まあまあおいしくできたんですけど。もっとレパートリーを増やしたくて。トマト味の豆スープとかも食べてみたいんですが、作り慣れていないので、イメージが湧かないんですよね。

**志麻**　今回、白いんげん豆を使ってトマト味のカスレという煮込み料理をメニューに入れました。カスレはフランスのランドック地方の郷土料理で、長時間じっくり煮込んで最後にオーブンで仕上げる料理です。ふつうは豚バラ肉や鴨のコンフィなんですが、私は手に入れやすい鶏手羽元のコンフィを入れてみました。

**阿川**　鶏肉はコンフィにしたほうがいいんでしょうか。

**志麻**　はい。鶏肉を低温の油でじっくり煮込むことでやわらかくなります。お肉は硬いより、とろけるぐらいやわらかいほうが豆と合うんです。あとはベーコンやソーセージを入れてもいいですね。

**阿川**　なるほど、お肉と豆の食感を合わせるのもポイントなんですね。

コンフィ（オイル煮）とは、塩・こしょうで下味をつけた食材を低温の油でゆっくり加熱する調理法。やわらかく、旨味が凝縮される。

## 寒い季節に食べたい鍋料理をさらにおいしくアレンジ

**志麻**　阿川さんが冬によく作るのは鍋料理なんですね。牛しゃぶと豚しゃぶ、どんな食べ方ですか？

**阿川**　昔、うちで豚しゃぶを作るときは父が豚肉はすごく薄くないと嫌だって言うので、お肉屋さんに行って「紙のように薄く切ってください」って注文していました。今はそんなわがままはなかなか言えないですけど。三枚肉だとちょっと厚いから、それよりは薄いほうが、圧倒的においしいと思います。

**志麻**　野菜はどんなものを？

**阿川**　豆腐、長ねぎ、白菜、しいたけ、ほうれん草、青菜とか。九州には常夜鍋と呼ばれる鍋料理があって、豚肉とほうれん草だけなんですよね。これが本当にさっぱりしていておいしいの。毎晩食べても飽きないから常夜鍋。うちでも今日は常夜鍋にしようと言いながら、でも豆腐はほしいわよね。あと、しいたけときのこなんかも入れたいわよねって。ぜんぜん常夜鍋じゃなくなるっていう(笑)。

**志麻**　わかります。どんどん具材を足したくなりますね。つけダレはどんなものを？

**阿川**　すだち酢を常備しているので、大根おろしと七味を入れてさっぱり食べるのが定番ですけど、自己流のタレがもう一種類あるの。

**志麻**　どんなタレですか？

**阿川**　ごまダレです。白ごまペーストをベースに、ごま油、醤油、酢、砂糖を加えます。それに豆板醤。そのときによってXO醤や甜麺醤があれば足してもいいし、にんにくやしょうがのすりおろし、ねぎのみじん切りを入れても。薬味は残ると日持ちしないから別にしておいて、好みに合わせて自分の器の中で調整するの。

**志麻**　おいしそう！

**阿川**　塩麹《しおこうじ》や豆腐ようも合いますよ。ちょっと甘くて、辛くて、酸っぱい。そういうごまペーストです。志麻さんはどうですか。

**志麻**　タレにはこだわりはないのですが、私は酸味が好きなので、ポン酢をベースに梅干しをたくさん刻んで入れたり、ナンプラーを入れてエスニック風にしたり、そのときの気分や食材に合わせて味を変えています。私もしゃぶしゃぶが好きで、野菜は千切りにして、全部を一気に口に入れる感じが好きなんです。

**阿川**　あ、最近、街の豚しゃぶ屋さんに行ったら、そのお店では千切りの白菜と千切りのねぎを豚肉で巻いて食べるっていうやり方で、「これはいい！」と。

**志麻**　そうそう、私もそうやって食べるのが好きなんです。

**阿川**　すごく品がいいし、味もいいんですよね。バラバラに食べない感じ。それを知って以来私も白菜とねぎは千切りにしてます。

**志麻**　切り方で食べた印象も変わりますよね。

**阿川**　野菜もたっぷり食べられますしね。

## 日本人になじみやすいフランスの家庭料理

**阿川**　今回は大根のメニューがありますが、私も紹介したい大根のメニューがあるんです。お話ししていいですか？

**志麻**　もちろん、ぜひ！

**阿川**　まず、すき焼き鍋に油をひいて、出汁昆布をバリバリとちぎって入れます。そこに厚めの輪切りにした大根を並べてじっくり焼いて、好みで塩をパラパラってかけるだけ。昆布と塩味だけなんですけど、日本酒がいくらでも飲めちゃう(笑)。

**志麻**　おいしそう！

**阿川**　大根に昆布の味がじわーっとしみていくんですよ。人が集まったときには、最初にテーブルに置いて火をつけて、その間に私はキッチンに行くんです。お客さんはお酒を飲みながら、「焼けたかな？」なんて言って大根をじっと見ているから、時間稼ぎにもなる。

**志麻**　それはいいアイディアですね！　今回の大根のローストでは、ハーブやスパイスを使って焼いて、バルサミコソースを添えるのですが、似てますね。

**阿川**　そうそう。大根にバルサミコ酢！　そういう日本人になじみやすいフランス料理が、実はフランスの家庭にあるということを志麻さんから教えていただきました。

**志麻**　よかったです。

**阿川**　私、実はフランス料理が苦手だったんです。フランスでの仕事のときにワインとバターとソースにやられてしまって。フランス人は毎日こんな料理を食べているのかと不思議に思っていたんです。それで以前、仕事でフランス人にインタビューをしたときに、失礼ながらフランス料理は重たくて私は苦手だと話したことがあって。そうしたら、私たちフランス人にとってもつらいとおっしゃってました。

**志麻**　フランス人は特別なときにしかレストランで食べないですね。値段も高いし、気軽に食べられるところが少ないので、お昼も家に帰って食べる感じです。毎日家庭で食べている料理は本当にシンプルなんですよね。

**阿川**　日本人はあまり知らないですよね。フランス料理っていうとレストランで食べるような料理を思い浮かべる人が多いんじゃないかな。もちろん、野菜とか食材とか売っているものが違うっていうのもあるけれど、それ

を志麻さんがうまく翻訳して、お箸とフライパンで作る料理を紹介してくださるから、みんなが喜ぶという。塩豚とか、ちょっと初めて聞くような料理とか、ときどきそういうのがぴっと入ることで、背中が緊張して、「フランスだわ」って思う。それが志麻さんの料理の魅力ですね。

**志麻**　みなさんがそれぞれ自分の味にしてくれたらうれしいです。

**阿川**　こんなおしゃれなフレンチの料理人さんが、お箸を使って炒めたりしているのを見て、全国のおじいちゃん、おばあちゃんとか、主婦の方たちは喜ぶだろうな。洒落た調理器具がなくてもいいんだって。

**志麻**　できるだけ洗いものは少ないほうがいいので、お箸で十分です。

**阿川**　それからまな板は小さいほうがいいっていうこと。私は以前、大きなテフロンの白いまな板を使っていたんだけど、引っ越しした先の台所の勝手が変わってしまって、いちいちまな板を取り出すのが面倒になってしまって。それで、いただいた佃煮の木箱のふたをまな板に使っているという。

**志麻**　木箱のふたをまな板に？

**阿川**　志麻さんを見ていて、まな板は小さいほうがいいなって。大きいまな板は洗うのも大変。木箱のふただとちゃちゃっと洗っておいておけるから、もう大きいまな板はいらないわって学習しました(笑)。

**志麻**　いいアイディアですね！　まな板を洗う回数って多いから、実際、コンパクトなほうが使いやすいですからね。

**阿川**　魚を切ったあとに、次に野菜を切ろうと思ったら一度洗わなきゃいけないし。木箱のふたは、使っているとだんだん湾曲してくるけど、そうしたら捨てればいいからね。

塩豚とは、豚バラ肉に塩をもみ込み、ラップに包んで密閉保存袋に入れ、冷蔵庫で半日〜3日ねかせたもの。茹でる、焼くなど使い方いろいろ。

次の佃煮待ちで(笑)。

## がんばりすぎず 家族のために、自分のために

**志麻** 阿川さんはふだんどんなお料理を？

**阿川** 私、結婚してからそんなに真面目な妻になろうとは思ってなかったですけど、自分が食べたいからっていうのもあって、晩ごはんはあれも作ろう、これも作ろうって結局8品から10品くらい作っていたんです。

**志麻** 毎日ですか？

**阿川** 週に2、3回くらいかな。おつまみ、サラダ、メイン、それから汁物とごはんとお漬物と、って考えるとそのくらいの品数になるのね。そうしたら、なんだか食べるのに忙しくなっちゃって、こんなにがんばって作ったのに、あんまりおいしくないなっていう気になってしまったの。あるとき、こんなにいらないや、3品でいこう。それにプラス昨日の残り物くらいでいいかなって。そのほうが食べること、料理の味に集中できるような気がしました。

**志麻** 作ることに一生懸命になりすぎると、苦痛になってしまうんですよね。

**阿川** 毎日、自分と自分の家族の胃袋がどっちの方向に向いているか、昨日は魚を食べたけど、今日は肉を食べたい気分、じゃあ肉だったらなんだろう、とか。ちっちゃくてもいいから、少しでも作り続けていると、料理に味わいが出てくるし。作ることにも面白みが出てくると思います。

**志麻** 本当にそう思います。私は失敗を楽しむことができるのが家庭料理のよいところだと思っているんです。うちでは夫のロマンが料理を作ったときに、私が「うん、これは最高！ おいしい！」って思えるかって言った

ら、どうかなって(笑)。

**阿川**　プロの志麻さんからみれば、ですよね。

**志麻**　そうですね。味だけみると、ということですけど。でも、私にとっては、ロマンが料理を作るっていうことが新鮮で。たとえば同じ料理を作っても、私とは絶対同じには作らないから、すごい新しい発見があるんです。

**阿川**　お子さんたちの反応は？

**志麻**　パパのほうがおいしいっていうときもあります。でも、長男はこういうのが好みなんだな、次男はこっちのほうが好きなんだなとかわかるし、子どもたちもそれぞれ反応が違って面白いです。

**阿川**　おいしさの感じ方、考え方は人それぞれですからね。

**志麻**　失敗しても、それを話題にして楽しく食べることができればいいやって思うんですよね。

## 食べる前と後、どちらが幸せ？

**阿川**　志麻さんはどういうシチュエーションで食べるのが幸せだって感じます？

**志麻**　そうですね。ロマンも私も人を招いて、みんなで集まるのが好きなんです。そうすると私も張り切って料理を作ります。そうやって、みんなでワイワイとおしゃべりしながら食べるのが好きですね。

**阿川**　おいしいおしゃべりね。

**志麻**　そういう時間がやっぱり楽しいですね。子どもたちは子どもたちだけのグループで楽しんで。大人は大人だけで食べるんですけど。

**阿川**　楽しいけど片付けが大変よね？　宴の終わり、くったくたになってから片付けるの。

**志麻**　人数が多かったり、食器が多いと大変ですが、ちゃんとテーブルセッティングをするときもあれば、大人数のときは紙皿と紙コップを使ったり。

**阿川**　無理のない工夫をしているのね。

**志麻**　みんな長時間いるので、途中で洗い物をしてくれる人もいて。そういうのも含めて楽しいです。やっぱり食べながら話をしている時間が好きなんですね。

**阿川**　私も昔はテレビの仲間でよくやりましたね。若くて育ちざかりのスタッフたち、みんな苦労してるから。多いときは30人くらいを家に呼んで、大量に料理を作っていました。

**志麻**　30人はすごいですね！

**阿川**　まあ、気持ちよく食べてくれるからね。うれしくて。でも年を重ねてくるとお客さまを呼ぶのも面倒になっちゃって。コロナ禍もあったりで、最近はそういう機会もあまりないですね。以前、エッセイにも書いたことなんですけどね、「空腹時でこれから食べるっていうときと、お腹がいっぱいのときと、どちらが幸せでしょう」って思ったの。ふつうに考えたら、すごくおいしいものを食べたときに、「ああ、なんて幸せなんだろう」って思うのかもしれないですよね。でも、私の場合、そこはもう幸せじゃないんですよ。「あれ食べようかな、いや、こっちにしようかな」って考えているとき。自分で作るか、レストランで食べるか、何を頼もうかなって考えているとき。食べたあとよりも、そうやって考えているとき、つまり、食べる前のほうが幸せを感じているんですよね。

**志麻**　そうなんですね。

**阿川**　何を作ろうかなって思って、ちょこっとだけなんか作って「はい、乾杯！」って言って座ってちょっと食べる。それで、また台所に行ってまたなんか作って戻ってくる。父がいた頃からそういう習慣が身についている

んですよね。次は肉を焼いて。次はちょっとお漬物を出して、ごはんをよそって。そのあとに、もう少しワイン飲もうかって。お客さまを招くと、「お願いだから、全部作ってから座ってくれない？　落ち着かないから」ってよく言われます（笑）。

**志麻**　阿川さんは食べることが本当にお好きなんですね。私は作るときにそんな気持ちになったことないなあって、今、阿川さんのお話を聞いていて思いました。

**阿川**　志麻さんは作っているときが楽しい？

**志麻**　そうですね。作ってるときは楽しいです。食べることが好きというよりは、作ることのほうが比重が大きくて、家族が何を食べたいかなっていうのは考えますけど、自分が食べるほうには興味がないのかもしれない。誰か作ってくれる人がいて、「なに食べたい？」って聞かれたら「なんでもいいよ」って言っちゃいそう。

**阿川**　私もそういうところありますよ。ふだん自分のなじみのないものを食べてみたいっていうのと、そちらがお勧めならば食べてみましょうっていう気持ちはありますね。

**志麻**　食への探究心はつきないですね。

**阿川**　これからもまだまだ続きますね。

教えて！志麻さん

Q

# お勧めのおもてなし料理は？

A

寒い冬はポトフなどの煮込み料理や熱々のオーブン料理がおいしい季節です。これらはフランスの家庭料理の定番で私もよく作りますが、時間がかかると敬遠される方も多いようです。でも、実は作り方はとってもシンプル。材料を切って炒めて鍋に入れて、あとは時間に任せて煮込むだけで、勝手においしく仕上がります。同じ食材を使っても、今日は寒いからこってりとしたクリーム煮にしようかな、ワインが残っていたからワイン煮にしようかなと、その日の気分に合わせて味を変えられるのもいいところ。

時短がもてはやされる時代ですが、ちょっと気持ちと時間に余裕がありそうなときには、時間をかけて料理を作ってみてはいかがでしょう。誰かを思いながら、キッチンに立つ時間こそが贅沢だなって思います。冬はクリスマスやお正月など、ホームパーティが多い季節ですね。カスレなどのオーブン料理やレバーペーストなど、いつもより少しだけ手間と時間をかけて作るおもてなし料理も、ぜひ楽しんでいただけたら。

# 牡蠣のスープ

## 旨味も滋味もたっぷりのスープ

**材料**（2～3人分）

牡蠣——8～10個
塩——適量
こしょう——適宜
玉ねぎ（中）——1/4個（薄切り）
にんじん（中）——1/4本（細切り）
セロリ——1/4本（細切り）
小麦粉——大さじ1
白ワイン——100mℓ
水——300mℓ
タイム——適量
ローリエ——1枚
コンソメキューブ——1個
生クリーム——50mℓ
オリーブオイル——大さじ1

**作り方**

1 牡蠣は表面の水気をキッチンペーパーでふき取り、しっかりめに塩・こしょうをふる。

2 フライパンにオリーブオイルをひき、玉ねぎ、にんじん、セロリを入れて塩をふる。

3 弱火でしんなりするまで炒めたら小麦粉を加えて、全体になじむまで軽く炒める。

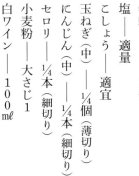

4
1の牡蠣、白ワイン、水（100㎖）、タイム、ローリエを加えてふたをして中火で煮る。

5
牡蠣に火が通ったら、いったん取り出す。

6
フライパンにコンソメ、水（200㎖）を加え、味をみながら塩・こしょうで調え、生クリームを加えてひと煮立ちさせる。

7
器に盛り、牡蠣をのせる。

Shima's point

野菜に小麦粉をふっておくことで、スープにとろみが出ます。味見は生クリームを加える前にするのがポイント。

# 大根のロースト

## 大根をステーキ風に焼きあげて

**材料**（2〜3人分）

大根――½本（輪切り）
塩――3つまみ
こしょう――適宜
チリパウダー――少々
オリーブオイル――大さじ1
タイム――適量
ローリエ――1枚

**【バルサミコソース】**

バルサミコ酢――50㎖
醤油――小さじ1
はちみつ――小さじ1

**下準備**

オーブン予熱200℃

**作り方**

1 天板にクッキングシートをしき、大根を並べる。

2 大根に塩・こしょう、チリパウダーをふり、オリーブオイルを回しかける。

3 タイム、ローリエをのせ、オーブン（200℃）で40分くらい焼く。

4

**バルサミコソースを作る。**❶フライパンにバルサミコ酢を入れて、半分の量になるまで煮つめる。❷醤油を加えてさらに煮つめる。❸最後にはちみつを加えて混ぜ合わせる。

5

焼きあがった大根を皿に盛り、バルサミコソースとオリーブオイル（分量外）を添え、好みでこしょうをふる。

Shima's point

スパイスはチリパウダー以外にも好みのもので。かぶ、ズッキーニ、トマトなどの野菜でもおいしく作れます。

# カスレ

ほのかな豆の甘味と
やわらかく煮込んだ鶏肉がコラボ

**材料**（2〜3人分）

**【鶏のコンフィ】**

鶏手羽元——（8本）
タイム——適量
ローリエ——1枚
にんにく——1かけ（薄切り）
塩——適量（鶏手羽元の0.8〜1％の量）
こしょう——適宜
油——適量

白いんげん豆(缶詰)
——450〜500g
玉ねぎ——小1個(みじん切り)
にんじん——小2本(角切り)
セロリ——½本(角切り)
塩——3つまみ
厚切りベーコン——100g(角切り)
トマトペースト——18g×3個
白ワイン——100㎖
水——適量
コンソメキューブ——1個
タイム——適量
ローリエ——1枚
オリーブオイル——大さじ1

**下準備**

**【鶏のコンフィ】**

❶鶏肉の表面の水分をキッチンペーパーで取り、しっかりめに塩・こしょうをふって、よくもみ込む。
❷密閉保存袋に鶏肉、タイム、ローリエ、にんにくを入れて空気を抜き、冷蔵庫で半日ねかせる。

**作り方**

1 **鶏のコンフィを作る。**
❶鍋に下準備した鶏肉を入れる。❷ひたひたの油を注ぎ入れて30～40分ほど低温で煮る。油が温まるまでは中火、ふつふつと気泡が出てきたら弱火に。

2 フライパンにオリーブオイルをひき、玉ねぎ、にんじん、セロリの順に野菜を加えて中火で炒める。塩は野菜を入れるごとに、ひとつまみずつ加える。

3 野菜がしんなりしたらベーコンを入れて全体になじませ、トマトペーストを加える。

4 さらに軽く炒めたら、白いんげん豆、白ワイン、ひたひたの水、コンソメ、タイム、ローリエを入れて20分くらい弱火で煮込む。

5 4に1の鶏肉と鶏を煮た油（大さじ1～2）を加え、ふたをして10分くらい煮込む。

（この間にオーブンを230℃に温めておく）

6 耐熱容器に入れ、1で鶏を煮た油（大さじ3）を表面にかけ、オーブン（230℃）で20～30分焼く。

**Shima's point**

鶏のコンフィに使った油には旨味があるので、仕上げにも使って焼きあげます。この油の代わりにラードを使うと、ねっちりとした仕上がりになります。お好みで。

# ポトフ

## スープに野菜と肉の旨味がたっぷり

**材料**（2～3人分）

骨付き鶏もも肉――300～350g
水――適量
玉ねぎ――小2個
にんじん――（細め）2本
キャベツ――小1/2個
かぶ――2個
ベーコン――100g
いんげん――適量
コンソメキューブ――2個
ローリエ――1枚
タイム――適量
塩――適量（鶏もも肉の0.8～1％の量）
こしょう――適宜

**作り方**

1 骨付き鶏もも肉は大きめに切り分け、しっかりめに塩・こしょうをふる。玉ねぎ、にんじん、かぶは皮をむき、キャベツは半分に切る。

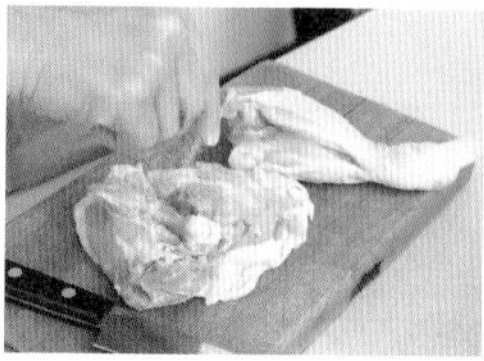

2 大きな鍋に1の鶏肉を入れ、たっぷりの水を加えて中火でゆっくり煮込む。

3

アクが浮いてきたら取り除き、玉ねぎ、にんじん、キャベツ、かぶを入れ、コンソメ、タイム、ローリエを加えて弱火で1時間以上じっくりと煮込む。

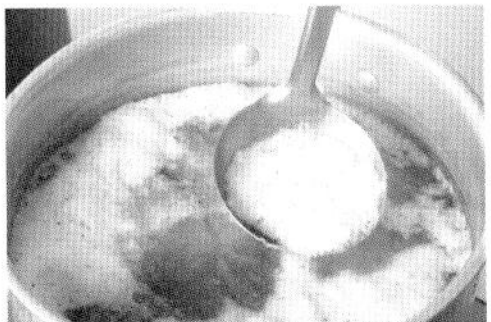

4

最後にベーコンを加えて5分ほど煮込み、味をみながら塩・こしょうで調える。

5

スープと具を分けて器に盛り、彩りに茹でたいんげんをのせる。

Shima's point

野菜はセロリやねぎも合います。煮込むときはやわらかい野菜は上に。ベーコンは煮込みすぎると味が抜けるので、最後の仕上げに加えます。

# シーフードの贅沢タブレ

## お好みのシーフードでパーティ仕様に

**材料**（2～3人分）

シーフード（種類は好みで）
- 蟹（ボイル生食用）――200g
- ホタテ――230～250g
- エビ――180～200g
- ロールイカ――2本（短冊切り）

塩水（塩1％）――適量
白ワイン――100mℓ

**【タブレ】**
クスクス――150g
トマトジュース――100mℓ
水――50mℓ
塩――ふたつまみ
こしょう――少々
スペアミント――8～10枚（みじん切り）
パセリ――大さじ2杯分（みじん切り）
小ねぎ――4～5本（みじん切り）
レモン汁――½～1個分
オリーブオイル――大さじ4

**作り方**

1 ボウルにトマトジュース、水、塩を入れて混ぜ、クスクスに注ぎ、オリーブオイル（大さじ1）をひと回しかけて30分くらいおく。

2 鍋にたっぷりの塩水を入れて沸かし、白ワインを加え、生のシーフード（イカ、エビ、ホタテ）を順に加えて強火で沸騰させる。

3 ポコポコと沸いてきたら火を止めて、余熱でシーフードに火を通し、そのまま冷ます。

4

1のクスクスをほぐし、パセリ、ミント、小ねぎを加えて混ぜ合わせ、さらにレモン汁、オリーブオイル（大さじ3）を全体に回しかけて混ぜたら、味をみて塩・こしょうで調える。

5

3のシーフードをザルにあけ、蟹とともに4のクスクスに絡めるようにさっと混ぜる。

Shima's point

クスクスで作るタブレはしっかり味をつけ、ドレッシングのように使います。シーフード以外に、いろいろな野菜を入れたりして、何にでも合います。

# 鶏レバーのムース

## 薄く切ったバゲットを添えてワインのお供に

**材料**（2～3人分）

鶏レバー――400～450g
卵――2個
牛乳――100mℓ
生クリーム――100mℓ
塩――小さじ1
こしょう――適宜

**下準備**

オーブン予熱170℃

Shima's point

レバーのくさみが気になる場合は、牛乳に一晩漬けておくとくさみが消えます。ザルで漉したあと、ブランデーや赤ワインを入れても。

**作り方**

1 鶏レバーは血合いや筋を取り除いてから、ミキサーにかけてなめらかにする。

2 ミキサーに卵、牛乳、生クリーム、塩・こしょうを加え、混ぜ合わせる。

3 2をザルで漉して型に流し入れ、アルミホイルでふたをする。

4 天板にキッチンペーパーをしき、3を置いてから天板にお湯を張り、オーブン（170℃）で20～30分じっくりと焼く。

※真ん中が固まっていない場合、オーブンを180℃に上げてさらに10～15分焼く。機種によって熱の入り方が異なるので、状態を見ながら仕上げてください。

5 オーブンから取り出して粗熱を取り、ラップでふたをして冷蔵庫でしっかり冷やす。

レバーのムースは空気に触れると酸化して黒くなるので、食べるときには表面を削って、ピンク色の部分をのせると見た目がきれいに。

# とろとろ卵の牡蠣クリームソース

贅沢な牡蠣のソースととろけるような卵が絡み合う

**材料**（2～3人分）

**【牡蠣クリームソース】**

牡蠣――8～10個

白ワイン――50㎖

生クリーム――50㎖

塩――適量（牡蠣の0.8～1％の量）

こしょう――適宜

ほうれん草――½束（3～5㎝に切る）

バター――10～20g

卵――4個

塩――ひとつまみ

**作り方**

1 **牡蠣クリームソースを作る。**

❶牡蠣は表面の水気をキッチンペーパーでふき取り、しっかりめに塩・こしょうをふる。❷小鍋に牡蠣、白ワインを入れてふたをし、強火でさっと牡蠣に火を通す。❸生クリームを加え、とろみが出るまで弱火で煮て、味をみながら、塩・こしょうで調える。

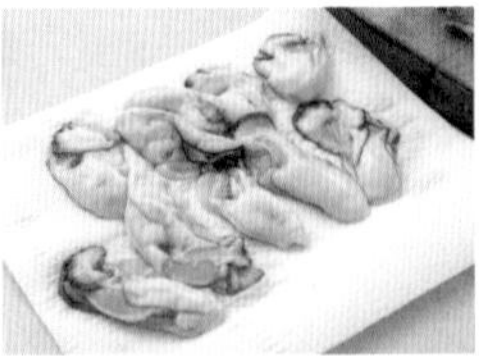

2　フライパンにバターを入れて中火で溶かし、ほうれん草を加えてさっと炒める。

3　ほうれん草がしんなりしてきたら、塩を加えた溶き卵を流し入れる。

4　しばらく動かさずに弱火で焼き、卵の周りが固まってきたら箸で卵を2〜3回引っ張るように静かに混ぜる。

5　4を皿に盛り、1の牡蠣クリームソースをかける。

Shima's point

牡蠣は強火でさっと蒸し焼きするように火を通すと、ふんわりとした食感に仕上がります。

# シュークルート

## 塩漬けキャベツの酸味が効いたアルザスの郷土料理

**材料**（2〜3人分）

市販のザワークラウト——1瓶（600〜650g）
玉ねぎ——中1個（薄切り）
塩——ひとつまみ
水——200mℓ
白ワイン——100mℓ
コンソメキューブ——2個
タイム——適量
ローリエ——1枚
くず野菜——適宜
オリーブオイル——大さじ1
ベーコン——100g
じゃがいも——2個
にんじん——1本

**【塩豚】**
豚バラ肉——250g
塩——大さじ½

**下準備**

**塩豚を作る。**

❶豚バラ肉の両面に塩をふり、しっかりもみ込む。❷ラップで包み、密閉保存袋に入れて、冷蔵庫で半日から3日ねかせる。

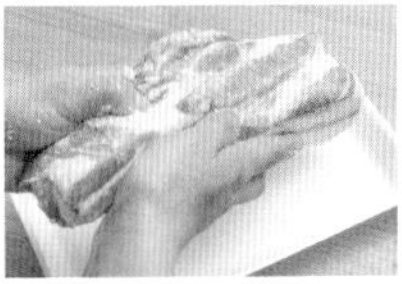

Shima's point

ザワークラウトは酸味が強いので、好みに合わせて水でさっと洗っても。ベーコンの代わりにソーセージを入れても風味がよくなります。

**作り方**

1 鍋に塩豚を入れて水（分量外）を注いで強火にかけ、沸いてきたら中火にしてアクを取る。

2 コンソメ、タイム、ローリエ、くず野菜を加えて、弱火で塩豚を1時間くらい煮る。

3 フライパンにオリーブオイルをひき、中火で玉ねぎを炒めて塩をふる。

4 玉ねぎがしんなりしてきたら、ザワークラウト、水、白ワイン、2の塩豚を加え、ポコポコ沸くぐらいの弱火から中火で1時間くらい煮込む。

5 水分が減ってきたら、ベーコンを加えて5分ほどさらに煮込む。

6 じゃがいも、にんじんはラップに包んで、電子レンジ（600W）で表裏5分ずつ加熱し、火が通ったら皮をむいてそれぞれ半分に切る。

7 5と6を器に盛る。

# 白菜のグラタン

熱々のホワイトソースの中にはとろとろの白菜が！

**材料**（2～3人分）

白菜——1/4個
（芯をつけたまま縦半分に切る）
オリーブオイル——大さじ2
水——200mℓ
コンソメキューブ——1個
塩——適量
こしょう——適宜
ハム——4枚
シュレッドチーズ——適量

【ホワイトソース】
バター——50g
小麦粉——大さじ2
牛乳——200mℓ

**下準備**

オーブン予熱230～250℃

**作り方**

1 フライパンにオリーブオイルをひいて強火にかけ、フライパンがしっかり温まったら白菜の断面を下にして並べ、芯の部分を木べらなどで押さえながら焼く。

2 白菜の両面に焼き色がついたら、水とコンソメを加えてふたをし、弱火で30分くらい煮込む。

3 汁が煮つまったら、白菜の味をみて、塩・こしょうで調える。

4 **ホワイトソースを作る。**❶鍋にバターを入れて弱火にかけ、小麦粉を加えて混ぜ合わせる。❷ふつふつと沸いてきたら、牛乳を一気に加えて混ぜ合わせる。

5

耐熱容器に3の白菜を並べてハムを巻き、ホワイトソースをかけ、チーズをふりかけてオーブン（230～250℃）で15分くらい焼く。

Shima's point

白菜は焼くと旨味が出てきます。油が少なすぎると焼き色がつきにくいので、気をつけて。

# ガレット・デ・ロア

公現祭で食すフランスの伝統菓子
〝王様のお菓子〟

## 幸せを呼ぶ冬のデザート アーモンドパウダーを挟んださくさくパイ

フランスの冬の定番のデザートといえば、切り株の形をした「ブッシュ・ド・ノエル」が有名ですが、“王様のお菓子”と呼ばれる「ガレット・デ・ロア」もフランス人にとっては欠かせないお菓子のひとつです。1月6日の「公現祭」をお祝いするお菓子とされていますが、フランスでは1月中に家族や友人たちで集まったときに食べることが多いです。アーモンドペーストをパイシートで挟んで焼きあげたシンプルなパイで、その中に「フェーブ」という小さな陶器の人形を入れておき、切り分けて食べたときにフェーブが当たった人が一日“王様”となって祝福を受けるという習慣があります。最近は日本のパティスリーでも売っていますが、作り方は簡単なので、ぜひご家庭でも作ってみてはいかがでしょう。

**材料**

アーモンドパウダー＋小麦粉――80g
（アーモンドパウダーと小麦粉の割合は好みで）
バター――80g
砂糖――40g
ラム酒――小さじ½
卵――1個
パイシート（冷凍）――2枚（18㎝×18㎝）
卵黄――1個分
水――少々
ローストアーモンド――1粒

**下準備**

オーブン予熱200℃

**作り方**

1
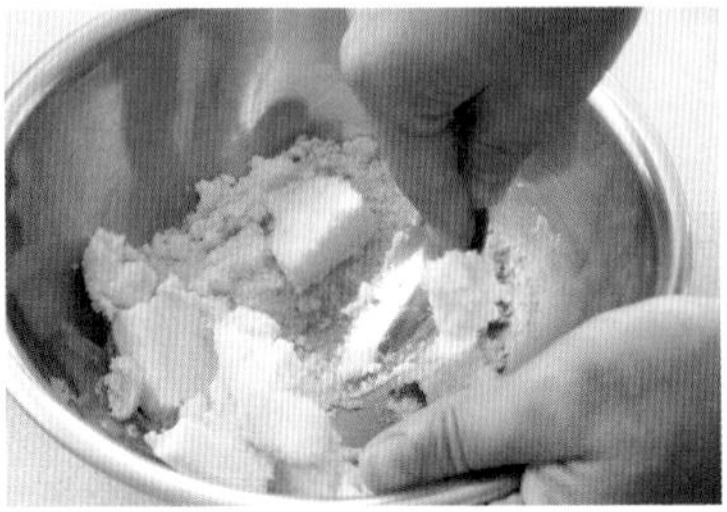
ボウルにバターと砂糖を入れ、スプーンの背で押しつけるように練り、しっかり混ぜ合わせる。

2

1に溶き卵を少しずつ加え、さらにアーモンドパウダー、小麦粉、ラム酒を加えてさっくり混ぜ合わせる。

3

天板にクッキングシートをしき、パイシートを1枚おき、数滴の水で薄めた卵黄をパイシートの周りにぬる。

4

2のアーモンドペーストをパイシートにのせて均等に広げる。

5

好みの場所にフェーブ代わりのローストアーモンドなどをのせる。

6

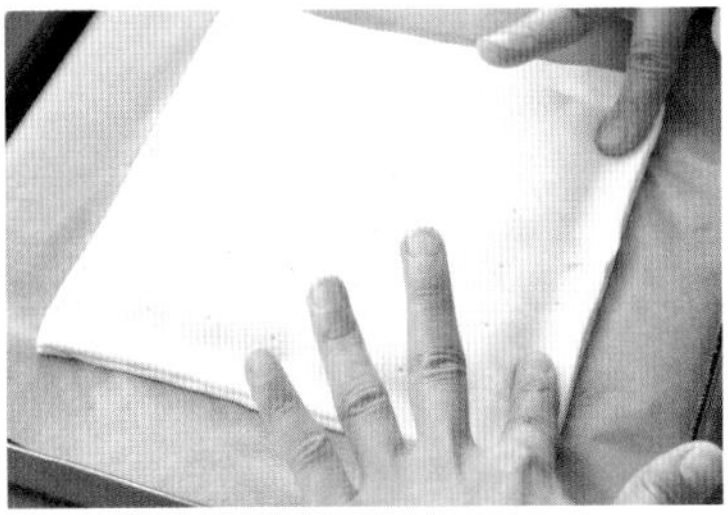

5の上にパイシートを重ねて、指の腹で押さえながら縁をとじる。

7

パイシートの表面にも3で使用した卵液をぬる。

8

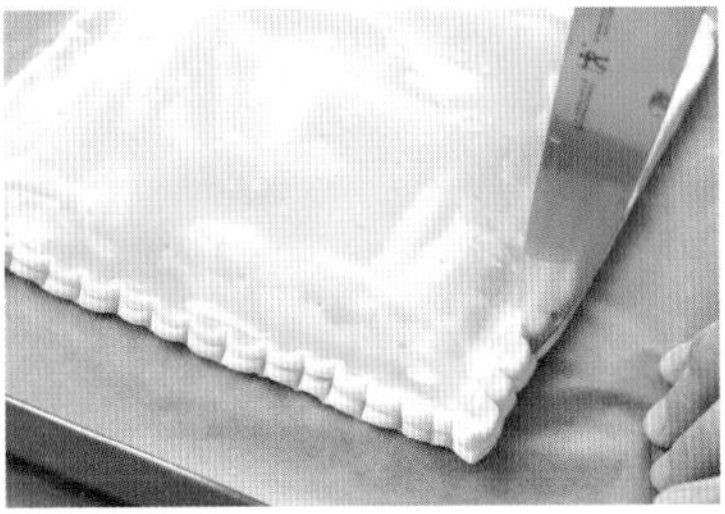

パイが開かないように、包丁などの背で縁を押さえるようにして飾りを入れる。

9

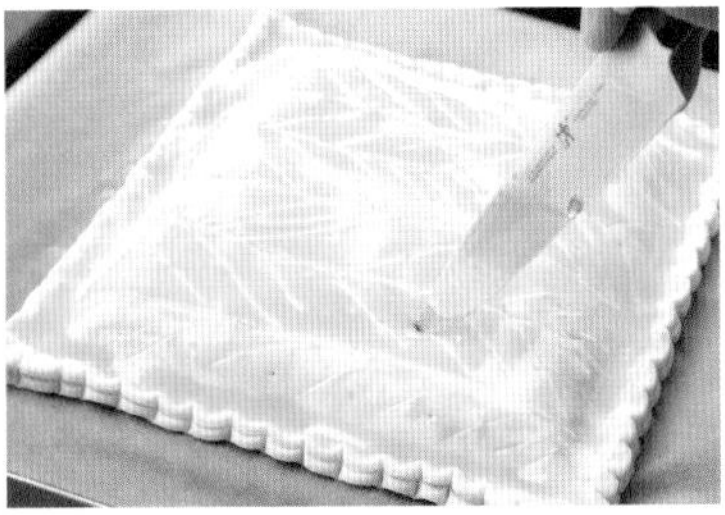

表面にも飾りの模様を入れ、線に沿って、5～7カ所に空気穴をあける。

10

オーブン（200℃）に入れて、30～40分焼く。

Shima's point

パイはしっかり焼き切るとサクサクに仕上がります。アーモンドペーストは、アーモンドパウダーの割合を増やすと風味がよくなります。

# タサン志麻さんの淡々料理

一年間、季節ごと四回にわたり、志麻さんとおいしい時間を過ごすことができた。

今回の企画では、四季折々に私が食べたい材料を選んで志麻さんに提示する。そんな私の勝手なお願いを、志麻さんが一品一品に仕立て上げてくださった。まるでステージに立つ歌手に、客席から「この歌、歌って！」とリクエストするかのよう。ときにジャズ歌手に古い昭和の流行歌を、シャンソン専門の歌手に民謡を歌わせる気分。申し訳ないなあ。恐縮しながらキッチンスタジオに到着すると、すでに志麻さんの工夫が凝らされた料理のいい匂いが漂ってきて、それだけで心が晴れやかになったものだ。

いつも志麻さんは、大きなエプロンを華奢《きゃしゃ》な身体に巻きつけて、うしろに控えるスタッフや旦那様にアシストされながら、野菜や肉を切る、下ごしらえをする、ガス台の前に立つ、鍋を動かす、調味料を振る。その一つ一つのテキパキとした動作がちっとも派手ではない。ひたすら静かに穏やかに、淡々と進む。ときどき小声で周囲に指示をしたり、味を確認してフフッと優しい笑みを見せたりすることはあるけれど、総じて淡々。

料理は人柄だ。志麻さんの料理が醸し出す味には穏やかさと優しさ、食べる者に対する心遣いがたっぷり込められている。

あるとき、炒め物をしている志麻さんのそばに近寄ってフライパンを覗《のぞ》き込んだら、まあ、驚いた。肉や野菜を混ぜるため、志麻さんが手に握っていたのは菜箸である。

「お菜箸、使うんですか？　フレンチなのに」

つい訊ねると、志麻さんは可愛い八重歯を覗かせて笑った。

「モダンな調理器具はたくさんありますが、私はできるだけ、どこの家庭にもあるものを使うようにしているんです。地方に住んでいるおばあちゃんでも作れますよってことを知らせたいから」

本格的なフレンチを学ぶために渡仏し、彼《か》の地のレストランで修業を積み、その後、帰国して家政婦を務めながら日本の家庭料理の実状を身に染み込ませ、そして今のタサン志麻の料理が生まれたのだということを、この菜箸の姿で私は納得した。

フランス料理なのに毎日でも食べたい。お洒落なのに簡単。気取っていないのに豪華。こんなフランス料理を誰もが待っていたのだ。私のわがままに応えてくださった数々の志麻メニューを、読者の皆様にもぜひ味わっていただきたい。そしてそのうちの二つ三つを定番メニューにしてみれば、きっと家族の笑顔が二倍に増えることでしょう。

ちなみに私の志麻定番は、セリとベーコンのサラダ、志麻風臨機応変ガスパチョ、絹豆腐入りビシソワーズ、とろとろ卵の牡蠣クリームソース、ポトフ……、ああ、止まらないな。

阿川佐和子

## PROFILE

### 阿川佐和子
（あがわ・さわこ）

エッセイスト・作家。1953年東京都生まれ。慶應義塾大学文学部西洋史学科卒。テレビ番組の進行役や対談連載のインタビュアーを長年務め、大人気に。1999年、檀ふみさんとの共著『ああ言えばこう食う』で講談社エッセイ賞、2000年『ウメ子』で坪田譲治文学賞、2008年『婚約のあとで』で島清恋愛文学賞を受賞。『聞く力』『ブータン、世界でいちばん幸せな女の子』『母の味、だいたい伝授』など著書多数。最新刊に『話す力』がある。

### タサン志麻
（たさん・しま）

家政婦。1979年山口県生まれ。大阪あべの・辻調理師専門学校フランス校を卒業。ミシュランの三ツ星レストランでの研修終了後、日本に戻り、有名フランス料理店などで15年勤務、のちフリーランスの家政婦として独立。『志麻さんの何度でも食べたい極上レシピ』『1分で決まる! 志麻さんの献立の作り方』『志麻さんの気軽に作れる極上おやつ』『志麻さんの魔法のソースレシピ』『志麻さんのサクッと作れる極上おつまみ』など著書多数。

**初出**
クロワッサン 1090（2023/4/10）号
クロワッサン 1096（2023/7/10）号
クロワッサン 1104（2023/11/10）号
クロワッサン 1111（2024/2/9）号

本書は上記の連載に書きおろしを加えてまとめました。

写真　青木和義／中島慶子

ヘア＆メイク　田中舞子（ヴァニテ）

スタイリング　中村抽里／大関涼子（料理）

取材・文　盆子原明美

編集協力　アッシュ・ペー・フランス／イセタン サローネ東京ミッドタウン／ギャザリング・クチュール／リーノ・エ・リーナ／ルッカ／ S&T ／ UTUWA

# 菜箸でフレンチ
## 春夏秋冬のごちそうレシピ

2024年4月11日　第1刷発行

著者　阿川佐和子
タサン志麻

発行者　鉄尾周一
発行所　株式会社マガジンハウス
〒104-8003　東京都中央区銀座3-13-10
書籍編集部　☎03-3545-7030
受注センター　☎049-275-1811
印刷・製本　株式会社光邦
ブックデザイン　岡　睦（mocha design）



マガジンハウスのホームページ https://magazineworld.jp/


ISBN978-4-8387-3269-2　C0077